Trilhas da cidadania

estratégias para uma participação ativa

Dados Internacionais de Catalogação na Publicação (CIP)
(Claudia Santos Costa - CRB 8ª/9050)

Beitum, Luís Fernando Iozzi
Trilhas da cidadania : estratégias para uma participação ativa / Luís Fernando Iozzi Beitum. – São Paulo : Editora Senac São Paulo, 2025.

Bibliografia.
ISBN 978-85-396-5554-0 (impresso/2025)
e-ISBN 978-85-396-5555-7 (ePub/2025)
e-ISBN 978-85-396-5556-4 (PDF/2025)

1. Cidadania. 2. Participação política. 3. Responsabilidade social. I. Título.

25-2467c CDD – 323.042
BISAC POL003000

Índice para catálogo sistemático:
1. Cidadania : Participação política 323.042

Luís Fernando Iozzi Beitum

Trilhas da cidadania

estratégias para uma participação ativa

Editora Senac São Paulo – São Paulo – 2025

Gerente/Publisher: Luís Américo Tousi Botelho
Coordenação Editorial: Verônica Marques Pirani
Prospecção: Andreza Fernandes dos Passos de Paula, Dolores Crisci Manzano, Paloma Marques Santos
Administrativo: Marina P. Alves
Comercial: Aldair Novais Pereira
Comunicação e Eventos: Tania Mayumi Doyama Natal

Edição e Preparação de Texto: Ana Luiza Candido
Coordenação de Revisão de Texto: Marcelo Nardeli
Revisão de Texto: Júlia Campoy
Coordenação de Arte: Antonio Carlos De Angelis
Projeto Gráfico, Capa e Editoração Eletrônica: Antonio Carlos De Angelis
Impressão e Acabamento: Gráfica AR Fernandez

EDITORA SENAC SÃO PAULO
Av. Engenheiro Eusébio Stevaux, 823 – Prédio Editora
Jurubatuba – CEP 04696-000 – São Paulo – SP
Tel. (11) 2187-4450
editora@sp.senac.br
https://www.editorasenacsp.com.br

SUMÁRIO

NOTA DO EDITOR

Quando falamos em cidadania, é comum que rapidamente pensemos no período eleitoral. O voto é, sem dúvidas, um dos mais importantes instrumentos para exercer nossa participação social, mas não é o único, e é possível ir além dele e nos tornamos cidadãos mais ativos. A cidadania é uma prática cotidiana, um exercício que nos permite viver em sociedade, e é nosso dever sermos cidadãos diariamente.

Em *Trilhas da cidadania*, Luís Fernando Iozzi Beitum nos apresenta diversas formas de participação social e aborda a importância da educação política e cidadã, destacando a necessidade de uma participação contínua e informada. Tomando este livro como um guia para a construção da cidade em que sonhamos viver, o autor propõe que o leitor percorra as trilhas da cidadania, nas quais são apresentadas orientações práticas e exemplos de ações que podem ser realizadas para a promoção de mudanças sociais positivas, oferecendo ferramentas e recursos para que possamos nos tornar agentes de transformação.

Com esta obra, o Senac São Paulo chama à ação todos que desejam fazer a diferença e contribuir para uma sociedade mais justa, inclusiva e sustentável.

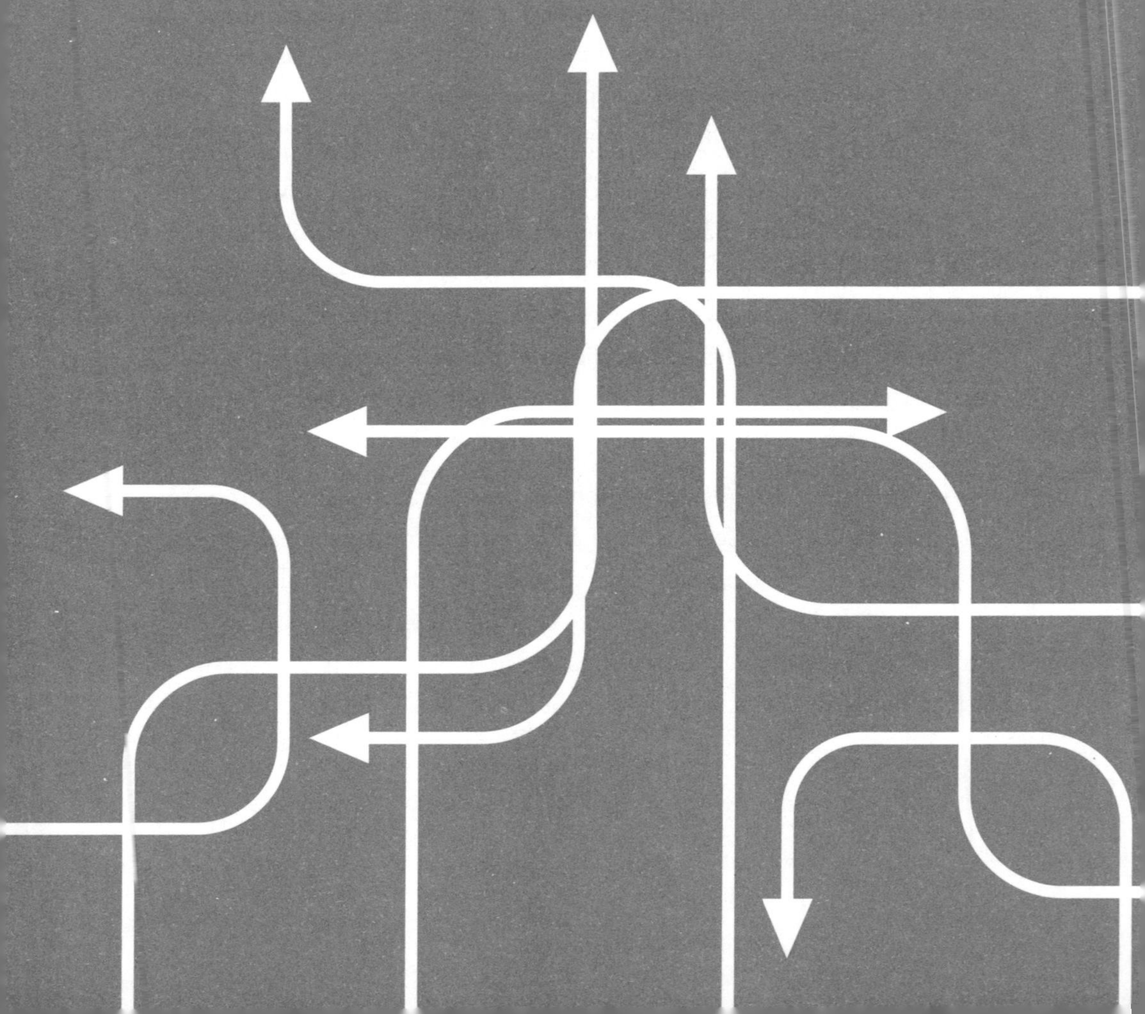

DEDICATÓRIA

Como este é meu primeiro livro solo, sinto um profundo desejo de homenagear, com muita gratidão, aqueles que estiveram comigo pelas trilhas da educação e pelo caminho da luta por um mundo melhor.

À minha mãe, Marise, que me ensinou o exercício da cidadania, da ética e, indiscutivelmente, do amor; ao meu pai, Joel, pela sabedoria em demonstrar como florescer a paciência, a tolerância e a paz, tão necessárias à vida; à minha avó Leo, que me apresentou, com tanto amor, os caminhos sensíveis das artes; ao meu tio Marco, por me ensinar, com tanto amparo, o valor do companheirismo e da disponibilidade genuína; e à irmã que ganhei, Mariana, por me ensinar a ser firme nos passos dados, mas com gentileza e generosidade para com o próximo.

À família que formei e que se tornou fundamental para o meu amadurecimento e para a consolidação deste projeto. Minha profunda gratidão à minha esposa, Bárbara, que, amorosamente, constrói comigo os sonhos de vida e me inspira coragem, como a de escrever este livro, e ao meu filho, Benício, cuja vinda me estimulou a concretizá-lo e com quem pretendo partilhar muitas trilhas que conduzam a um futuro mais sustentável. Que esta obra também inspire outras famílias – em suas múltiplas formas e afetos – a sonhar e a agir por um mundo melhor.

Aos mestres e amigos de caminhada pessoal, acadêmica e profissional – os quais não conseguiria citar individualmente –, especialmente os do Instituto Terroá, bem como aos demais parceiros e organizações por onde passei, minha gratidão por compartilharem comigo essa jornada em prol de um país mais justo e igualitário, e por me ensinarem, continuamente, a importância da nossa evolução diária.

Estendo ainda minha homenagem e admiração às pessoas, comunidades, coletivos e movimentos sociais que me ensinaram, com suas vozes e resistências, que a participação social só é plena quando reconhece e inclui as lutas de todos – especialmente daqueles que foram, historicamente, silenciados ou marginalizados. Que esta obra contribua para potencializar essas vozes e abrir cada vez mais caminhos regenerativos rumo à equidade, à justiça social e à sustentabilidade.

PREFÁCIO

Este livro fala de movimento e processo: movimento em direção a novas perspectivas e descobertas com relação ao nosso viver em sociedade, em um processo de aperfeiçoamento contínuo de nós mesmos e do mundo que nos cerca. Apresentando as trilhas da cidadania, esta obra nos incentiva a nos deslocarmos em direção à ativação da nossa consciência e prática cidadãs, na busca por "um país mais justo, igualitário e sustentável", como fala o autor, já nas primeiras páginas.

Ao seguirmos as trilhas propostas, colocamo-nos diante de um dos aprendizados mais caros à vida em sociedade, consolidado por Aristóteles: o homem é um animal político (*zoon politikon*) que depende da comunidade para sua plena realização; a sua capacidade para viver na cidade (*polis*) é inata, independe da escolha e não requer exercício, instrução, nem qualquer atividade prévia, ou seja, a cidade é natural porque há no homem um impulso para a vida em comunidade. Mas, adverte o sábio filósofo, se a capacidade para viver na cidade não requer escolha, o viver bem requer não só escolha como aprendizado e ação. A vida boa, para toda a comunidade, depende da construção de aprendizados, pactos e práticas coletivas.

De forma sutil e inteligente, o autor nos conduz para o primoroso ensinamento do mestre grego: a política é a arte do bem-viver. No coração do livro pulsa a defesa da boa política, como uma arte que possibilita o bem-viver de toda a comunidade humana. Mas a boa política solicita algo difícil para nós: ela pede movimento, pede que nos desloquemos, que saiamos de nós mesmos e nos coloquemos no lugar do outro. Pede ampliação do nosso olhar para enxergarmos o ponto de vista e as necessidades dos outros. Quando aceitamos esse desafio, passamos a defender causas mais coletivas e vamos compreendendo que, ao fazê-lo, aumentamos o alcance de soluções e melhorias. A política amplia benefícios para toda a comunidade e, o mais importante, permite o constante processo de aperfeiçoamento humano. A política transforma cada pessoa que aceita seu desafio em alguém mais tolerante, empático e respeitoso com o outro, mais consciente dos direitos e deveres de todos. A boa política valoriza o diálogo, a escuta afetiva, a diversidade de opiniões, a construção fraterna de consensos, a solidariedade. Caminhar pelas trilhas da política é pavimentar vida boa para toda a comunidade. A política está no Estado, na cidade, no condomínio, na empresa, nas famílias, entre amigos. Tudo que envolve relações com outras pessoas é política. É com essa visão alargada e fascinante da política que somos guiados pelas páginas deste livro.

E esta obra não poderia ter chegado em melhor hora. Vivemos um momento desafiador para a política, no mundo e no Brasil. Há uma onda antidemocrática que prega a intolerância, a violência e o radicalismo, na contramão de tudo que aprendemos sobre a arte do bem-viver. Há sinais de cansaço mundial com a política dos partidos e dos governos. Há certa desconfiança com relação às instituições públicas e um afastamento dos cidadãos de seus representantes. Fala-se em crise da política. Há pouca boa política no debate público e muita politicagem (a má política). O cada-um-por-si impera, fragilizando a cultura da solidariedade. Mas sem a boa política, a sociedade vive situação de risco e perigo, por não construir projetos coletivos com objetivos claros e caminhos bem delimitados para o enfrentamento dos problemas. Sem a boa política, prevalecem interesses e paixões individualizadas e radicalizadas. Perde-se algo muito precioso: o pacto de convivência entre as pessoas.

Como um convite ao fortalecimento do nosso pacto de convivência, o livro apresenta formas e estratégias claras e objetivas para cuidarmos, coletivamente, de nossas cidades, do lugar onde vivemos. Com ele, vamos percebendo que não há distância intransponível entre governantes e cidadãos, que podemos ajudar a construir a cidade que queremos, interferindo nos processos de tomada de decisão, controlando e fiscalizando os passos dos decisores e dos executores das políticas públicas. Ao caminhar por uma das oito trilhas sugeridas, que englobam um total de 23 estratégias de ação, entendemos que há muitas formas de ajudar a construir o bem-viver, além do ato de votar: organizar ou participar de campanhas e petições; incentivar mutirões; engajar-se em redes, organizações coletivas ou movimentos sociais; participar de conselhos gestores, audiências públicas, conferências temáticas, comissões, fóruns, mesas de debates; participar das sessões da Câmara dos Vereadores; estimular e/ou participar da construção de observatórios cidadãos, minipúblicos, parlamentos jovem; ativar a participação digital; ou, ainda, filiar-se a partidos políticos ou mandatos coletivos – e tudo isso exposto de forma didática e acolhedora, com linguagem amiga, fazendo com que o leitor se sinta estimulado a tomar parte na nobre tarefa de construção da vida boa na cidade em que vive. Com dados atualizados e consistentes sobre cada modalidade de ativação da cidadania, compõe um material extraordinário para ser replicado por professores, gestores, ativistas, empreendedores e tantos outros.

O Brasil tem sido reconhecido, nacional e internacionalmente, como um laboratório de experiências participativas. O processo de redemocratização pós-ditadura militar (1964-1985) culminou com a escrita de uma nova Constituição, a chamada Constituição Cidadã (1988). Por meio dela, a gestão pública foi transformada, pois foram incorporados instrumentos de participação social em suas práticas, como conselhos, conferências, audiências públicas, orçamento participativo, fóruns, mesas de debates, etc. É um legado e tanto! Mas a democracia é um processo e precisa de cuidados contínuos. A construção da vida boa também demanda envolvimento de toda a comunidade. Demos passos importantes no Brasil, mas não podemos descuidar.

Por isso, este livro é um presente para todas as pessoas que prezam e querem cuidar do legado democrático construído no Brasil. É um presente para quem quer viver bem em sua cidade, com justiça social e sustentabilidade. É um presente para os gestores que querem tomar as melhores decisões e, para tanto, sabem que precisam ampliar a compreensão dos problemas sociais. Quem melhor do que os habitantes de um lugar para falar das questões que os afligem? Ter cidadãos e cidadãs ocupando os espaços da cidade e comunicando suas demandas e sonhos é um presente para os tomadores de decisão. É também um presente para a comunidade acadêmica, especificamente para o campo de estudos da participação e da democracia, do qual faço parte. Que belo material ele oferece! E o livro é, sobretudo, um presente para a boa política. Que grande contribuição!

Torço para que o leitor realize o percurso sugerido até o fim. Verá, então, que não há "o fim", mas sim o começo de uma participação ativa e contínua na construção coletiva da cidade, do país e do mundo em que sentiremos prazer e orgulho de viver.

Carla Gandini Giani Martelli
Livre-docente em ciência política, professora e pesquisadora do Departamento de Ciências Sociais da Faculdade de Ciências e Letras da Universidade Estadual Paulista "Júlio de Mesquita Filho" (Unesp), campus de Araraquara. Pesquisadora do Instituto Nacional de Ciência e Tecnologia (INCT-Participa) e líder do Grupo de Estudo e Pesquisa Participação e Democracia (GEPPADE/CNPq). Seus temas de interesse são participação, democracia e políticas públicas.

APRESENTAÇÃO

Você já se perguntou como pode fazer a diferença em sua comunidade ou cidade? Quais são os caminhos que nos levam a participar de decisões públicas de forma acessível e eficaz? Seria possível ativar nossas ações cidadãs não apenas como um compromisso, mas também de maneira prazerosa? E como podemos encontrar e construir soluções inovadoras e impactantes para os desafios enfrentados em nossos municípios?

Historicamente nos limitamos à ideia de que o voto é o único momento em que exercemos nossa cidadania de forma ativa. Como se fosse o instante particular em que conseguimos colocar nossas "mãos" para influenciar diretamente as futuras decisões públicas. No entanto, a cidadania é um conceito muito mais amplo e dinâmico, que se manifesta de diversas formas no nosso cotidiano. Este livro abriga a premissa de que a cidadania vai além do voto, abrangendo uma participação ativa e atenta na sociedade. Ela se expressa tanto nas pequenas escolhas e ações diárias como nas maneiras como interagimos em sociedade e no nosso envolvimento com questões que afetam a vida pública.

O entendimento da cidadania vai além de ter direitos e deveres políticos e legais. Seu exercício requer da sociedade uma participação ativa, consciente e contínua, de modo que os cidadãos não sejam apenas espectadores, mas agentes que buscam sua autonomia e atuam de forma significativa nas decisões públicas e na garantia de seus direitos. Assim, a cidadania não se limita apenas à relação entre cidadão e Estado, ela também trata da cooperação entre os próprios cidadãos, promovendo inclusão social e pluralidade de ideias. Para além dos chamados "deveres do cidadão", como respeitar leis, votar e pagar impostos, a cidadania inclui a responsabilidade com o bem-estar coletivo, o respeito mútuo, a justiça social e a participação na construção de uma sociedade democrática e inclusiva.

Inspirada na luta por direitos humanos e como resistência ao período ditatorial brasileiro (1964-1985), essa noção de cidadania ampliada surge no Brasil a partir dos movimentos sociais dos anos 1970 e 1980, que lutavam por acesso a serviços urbanos e por questões de gênero, raça e etnia, promovendo a construção democrática e a transformação social. A participação social, nesse contexto, vem pavimentar a estrada da cidadania e fortalecer a cultura democrática. Estabelecida como um direito na Constituição Federal de 1988, ela permite o exercício de uma cidadania verdadeiramente ativa. As várias possibilidades de participação social que veremos ao longo deste livro contribuem para a aplicação de uma cidadania garantidora de direitos.

No entanto, exercer a cidadania no Brasil é uma prática que precisa de avanços, pois enfrenta muitos desafios, em especial por ainda lidarmos com resquícios de uma cultura política que frequentemente desencoraja uma participação ativa e questionadora. Embora nossas leis reconheçam os direitos, isso não garante que eles sejam aplicados de modo efetivo. Nesse cenário, o Estado muitas vezes perpetua desigualdades, mantendo-se distante das verdadeiras aspirações e necessidades da população.

Outros desafios estão relacionados à desigualdade social e econômica, que limita o acesso a recursos e oportunidades, e a uma educação política deficiente, que dificulta o entendimento sobre direitos e processos políticos. Um problema importante é a desconfiança nas instituições públicas devido à percepção de corrupção e ineficiência. Além disso, barreiras culturais e sociais e a discriminação de gênero, raça e classe excluem vozes fundamentais e diversas do processo democrático, resultando em políticas públicas que não atendem as demandas e realidades da população. A extrema polarização política também impede um diálogo construtivo e colaborativo entre diferentes grupos sociais. Esses obstáculos exigem esforços coletivos para a promoção de uma cidadania mais inclusiva e ativa.

Por outro lado, exercer a cidadania e participar de decisões públicas oferece oportunidades únicas que vão além do impacto imediato nas ações governamentais e na formulação de políticas públicas. Primeiramente, a participação proporciona um forte senso de empoderamento, visto que o indivíduo começa a perceber que suas ações e opiniões têm valor real e que é possível influenciar as decisões públicas. Esse engajamento também promove um maior conhecimento sobre os direitos garantidos pela Constituição e sobre o funcionamento do Estado, ajudando as pessoas a entenderem melhor os processos políticos e sociais e suas implicações. Além disso, uma cidadania ativa pressupõe o fortalecimento da democracia e garante que uma diversidade de vozes seja considerada, resultando em políticas mais inclusivas e representativas. Ao fortalecer laços de apoio mútuo, esse engajamento cidadão abre caminho para inovações e transformações sociais positivas.

Nesse sentido, a prática da cidadania tem ainda outra face importante: carrega um inestimável valor educativo. O caminho de cidadania proposto neste livro oferece um percurso de autoconhecimento e desenvolvimento pessoal. Através dele, a ação externa reflete a jornada interna, e cada escolha é um ato consciente. Ao se envolverem em questões públicas, os cidadãos são confrontados com uma diversidade de opiniões e contextos e – para aqueles que estão abertos e atentos – isso enriquece sua visão crítica e compreensão da realidade. Essa variedade de perspectivas desafia crenças antigas e promove uma compreensão mais profunda dos diferentes contextos sociais e políticos. Expor-se a diferentes pontos de vista é essencial para a construção de uma consciência mais ampla e empática, importante para o crescimento pessoal e coletivo.

É importante também reconhecer que muitos aspectos da cidadania e da participação social são mais eficazmente entendidos quando vivenciados na prática, por exemplo, o funcionamento dos Três Poderes (Executivo, Legislativo, Judiciário), o uso do orçamento público, a implementação de políticas públicas e as relações de poder na sociedade. Essa vivência muitas vezes é mais esclarecedora do que a aprendizagem teórica tradicional.

Mas o que significa praticar a cidadania, de fato? Como praticá-la e de que forma? Quais são os espaços propícios para se experimentar uma cidadania ativa?

Foram essas as perguntas que me inspiraram a escrever este livro, pensando que ele poderia ser utilizado como uma ferramenta para ajudar a redefinir o papel do cidadão, que não deve ser apenas um eleitor passivo, mas um participante ativo na construção de uma sociedade mais justa e equitativa. Este livro visa, portanto, explorar as diversas formas pelas quais podemos exercer nossa cidadania de maneira efetiva e transformadora.

E, antes de organizar as trilhas apresentadas neste livro, foi preciso caminhar por elas.

Ao longo dos últimos vinte anos, em minha jornada dedicada à cidadania, tive o privilégio de me envolver em diferentes espaços de diálogo, proposição, construção e monitoramento de ações, iniciativas e políticas públicas. Em conjunto com diversas pessoas, organizações e setores, o objetivo sempre foi contribuir para tornar cidades e territórios mais participativos e inclusivos, com vistas à ampliação da qualidade de vida da população e do meio em que ela vive.

Participar de mobilizações comunitárias, cofundar uma organização não governamental (ONG) e estar presente em movimentos sociais foram experiências que me enriqueceram profundamente. Atuar de forma direta em um conselho municipal e em um Orçamento Participativo (OP) e acompanhar diversas audiências e consultas públicas me trouxe perspectivas plurais de diferentes grupos e pessoas. Estar envolvido em conferências municipais, tanto como participante quanto facilitador, especialmente em nível nacional, foi um aprendizado valioso. Por algum tempo, atuei também para aprimorar espaços municipais de participação social, para que fossem mais acessíveis à população. Como pesquisador, pude ainda estudar e sistematizar alguns conhecimentos sobre esses mecanismos de participação social. A coidealização de um observatório cidadão municipal, iniciativa premiada nacional e internacionalmente, é algo que carrego com muito carinho. A organização de iniciativas para solicitar compromissos públicos de candidatos e a colaboração na concretização de um Parlamento Jovem premiado pela Organização das Nações Unidas (ONU) também fizeram parte dessa trajetória.

Do mesmo modo, atuando na formação de conselheiros municipais, gestores públicos, estudantes, professores e, principalmente, lideranças comunitárias, os trabalhos com educação política sempre foram uma fonte constante de aprendizado e inspiração. Foram intensas trocas de saberes: das periferias da região Sudeste a experiências com comunidades ribeirinhas, indígenas e quilombolas na Amazônia. Cada encontro foi uma lição valiosa sobre o poder que reside no engajamento coletivo.

Nos últimos anos, meu foco tem sido a proposição qualificada de políticas públicas por meio de processos de cocriação coletiva em espaços participativos. Nessa jornada, a linha que separava minha história pessoal como cidadão e minha atuação profissional no ecossistema de impacto social foi se tornando tênue. Ao reconhecer minhas próprias limitações, encontrei sentido na diversidade e pluralidade dos grupos colaborativos para a proposição e construção de soluções coletivas e intersetoriais.

Foi em 2016, ano marcado por significativas mudanças políticas no Brasil, incluindo a destituição da primeira mulher eleita presidenta, Dilma Rousseff, que a ideia deste livro começou a ganhar forma. Com as eleições municipais em andamento, as discussões políticas fervilhavam em cada esquina, demonstrando um ambiente nacional de intensa reflexão e debate. Nesse contexto, a lacuna do desconhecimento político se tornou evidente, especialmente à luz da perseguição à nossa jovem democracia. Motivado por esse cenário, escrevi um artigo intitulado "23 formas de exercer a cidadania além do voto". O objetivo era oferecer orientações práticas sobre como cidadãos comuns poderiam efetivamente participar das construções e decisões públicas além do voto. Admitindo que, em particular para os jovens adultos, o caminho da descoberta muitas vezes precede a formação de um conhecimento político sólido, entendo que a participação social pode ser uma rota eficaz de educação política e cidadã. Esta abordagem reconhece que, enquanto a participação social pode frequentemente conduzir ao conhecimento político, o processo inverso não é uma certeza, visto que um conhecimento político consolidado nem sempre leva a uma participação ativa.

Visando ampliar o alcance do meu texto, foi estabelecida uma parceria com o Politize!, atualmente uma organização reconhecida por possuir a maior plataforma de conteúdos de educação política no Brasil. O texto acabou ganhando uma expressiva repercussão on-line, tornando-se um dos mais acessados na história do portal. Ao longo do tempo, tenho observado que ele tem sido adaptado e utilizado em diferentes canais na internet e de várias formas: em podcasts, posts em redes sociais, materiais didáticos para ensino fundamental e médio, referências em cursos de graduação e em artigos científicos. Essa ampla utilização foi, sem dúvida, uma grata surpresa, e espero que tenha inspirado muitas pessoas. Contudo, sempre acreditei que a mensagem poderia ir além e alcançar ainda mais indivíduos. Assim, alguns anos após o lançamento do artigo original e munido de mais experiências no exercício da cidadania, decidi que era o momento certo para escrever este livro.

Conhecendo o livro

Este livro está dividido em oito trilhas de cidadania, englobando um total de 23 estratégias de ação, cada qual descrita para equipar cidadãos com o conhecimento e as ferramentas necessárias para o pontapé inicial no exercício da cidadania.

> # **A proposta é oferecer a orientação necessária para que cada indivíduo possa identificar as melhores rotas para a transformação social.**

Portanto, esta obra é um guia que apresenta direções e pontos de referência para que os leitores possam navegar pelos diversos caminhos da participação ativa e estruturada nas decisões públicas. O intuito é fornecer aos cidadãos os recursos necessários para organizar a sua participação, de modo que esta seja a mais qualificada e estratégica possível, auxiliando-os a se tornarem agentes de mudança em suas comunidades e contribuindo, assim, para uma democracia mais inclusiva e participativa.

Nos capítulos iniciais, "O despertar para a cidadania" e "Conhecer e sonhar a cidade ideal", somos convidados a revisitar nossos olhares, percepções e ações diante das muitas realidades sociais e sobre o tipo de cidade que desejamos construir.

Nossa jornada se inicia no capítulo "Descobrindo as trilhas da cidadania", que nos apresentará o caminho que vamos seguir. Na sequência, tome fôlego para iniciarmos o percurso das oito trilhas da cidadania: "Engajamento coletivo", "Participação social", "Propostas cidadãs", "Fiscalização e controle social", "Transparência pública", "Inovação política", "Participação digital" e "Educação política e cidadã" – elas oferecerão orientações práticas em 23 ações estratégicas, desde a participação em conselhos municipais e audiências públicas até a organização de um observatório cidadão e o ativismo digital.

Cada trilha é um caminho para ajudar você a aprofundar seu conhecimento e a influenciar positivamente os rumos de sua cidade. Mas como canalizar nossos valores para potencializar uma participação social inclusiva, ética, transparente e comprometida com o bem-estar coletivo? É o que abordará o capítulo "Princípios para o exercício da cidadania". Ao final do livro, dois capítulos serão fundamentais para a prática da cidadania: "Como traçar sua rota" e "Exercício: crie seu próprio caminho" vão ajudar você a aplicar o que aprendeu de maneira organizada e eficiente. A jornada se encerra com o capítulo "A estrada da cidadania é infinita", um lembrete de que o exercício da cidadania é um processo contínuo de aprendizado e ação.

Você notará que este livro é um convite à ação, e muito do que será exposto está ancorado em conceitos fundamentais da ciência política e sociologia, como "democracia participativa", "participação social", "advocacy", "ativismo", e, claro, "cidadania". No entanto, este é um guia prático, que objetiva traduzir esses elementos-chave em ações tangíveis. Existem inúmeras obras que oferecem ótimas análises teóricas sobre esses temas, e recomendo veementemente esses estudos, mas nosso caminho aqui será diferente: vamos direto à mão na massa. Você encontrará uma variedade de ferramentas, recursos e exemplos reais, todos voltados para demonstrar como você pode se engajar de maneira efetiva nas decisões públicas e na participação social. Em vez de aprofundar teorias, este livro se concentra em fornecer passos concretos e acessíveis para a ação cidadã, permitindo a você uma jornada ativa e significativa no mundo da cidadania e da transformação social e política.

Outro ponto importante que merece destaque é que as trilhas de cidadania apresentadas neste livro estão direcionadas para o contexto municipal. Assim, a maioria dos exemplos e estratégias está relacionada ao exercício da cidadania dentro da comunidade ou cidade. Acredito que os primeiros passos da participação social são dados no nosso próprio jardim, em nosso território imediato. Este é nosso laboratório primário de participação, nossa escola prática. Contudo, as experiências e estratégias abordadas no contexto municipal oferecem ideias e abordagens que, frequentemente, podem ser adaptadas e aplicadas também a esferas estaduais e nacionais.

Uma reflexão interessante é que a polarização política, intensificada nos últimos anos no Brasil, tende a ser menos intensa em âmbito local. Enquanto questões de grande controvérsia, como políticas sobre aborto, financiamento do sistema público de saúde, mudanças em leis trabalhistas, exploração de recursos naturais, entre outras, são frequentemente debatidas em esferas federais, especialmente no Congresso Nacional, nas comunidades e municípios, o foco tende a recair sobre assuntos mais próximos do cotidiano dos cidadãos, como a manutenção de parques e espaços públicos, o funcionamento de escolas e postos de saúde, e iniciativas de reciclagem e sustentabilidade, os quais em geral provocam menos conflitos e permitem maior colaboração entre indivíduos, independentemente de suas ideologias políticas. Entretanto, é essencial reconhecer que diferentes visões e perspectivas são necessárias para a saúde de nossa democracia. A inclusão e a diversidade de pessoas, grupos sociais e ideias são fundamentais nos processos de cooperação e participação social. O que se está pontuando é que um ambiente menos polarizado no âmbito local pode oferecer oportunidades e aprendizados para um trabalho colaborativo, inclusive com aqueles que têm opiniões opostas. Tudo é aprendizado e, enquanto sociedade, precisamos avançar nas cooperações e diálogos democráticos. E nada melhor do que aprender na prática, afinal, o caminho para uma cidadania ativa é construído ao caminhar.

Portanto, espero que este livro possa servir a estudantes, professores, lideranças comunitárias, gestores e servidores públicos, acadêmicos, profissionais do ecossistema de impacto, conselheiros municipais, facilitadores de processos participativos e, principalmente, aos cidadãos comuns, que talvez ainda não conheçam as muitas formas de exercer a cidadania que exploraremos aqui.

Com isso em mente, nas próximas páginas, falarei diretamente com você, leitora ou leitor, cidadã ou cidadão, com um convite para que você embarque nesta jornada de descoberta e engajamento. A cada página, espero que encontre não apenas informações, mas inspiração para transformar o conhecimento em ação. Juntos, exploraremos como cada um de nós pode contribuir ativamente para a construção de comunidades mais justas e democráticas. Que este livro seja o início de uma jornada enriquecedora de aprendizado, reflexão e, acima de tudo, participação ativa na sociedade.

O DESPERTAR PARA A CIDADANIA

> **A vocação política é transformar sonhos em realidade.**
>
> *Rubem Alves*

O exercício da cidadania não é algo óbvio. Nem sempre o aprendemos na escola ou notamos sua presença em nossas ações cotidianas. Trata-se de uma prática que se desenvolve e se aprofunda com o tempo e a experiência. Diante desse contexto, como podemos despertar para uma cidadania mais ativa, que nos motive a participar efetivamente das decisões que impactam nossa realidade?

A cultura democrática no Brasil ainda é recente e vem se desenvolvendo aos poucos. Embora a Constituição Federal de 1988 tenha representado um marco para o exercício da cidadania no país, é importante reconhecer que a mera existência legal de direitos fundamentais não garante de forma automática seu acesso pelos cidadãos. Direitos como moradia digna e alimentação nutricionalmente adequada precisam não só ser garantidos, mas também compreendidos em sua totalidade pelas pessoas. Isso significa que os cidadãos devem estar cientes dos direitos para poder reivindicá-los.

Mas os holofotes do exercício da cidadania têm sido direcionados principalmente para as eleições. Por essa razão, a participação social nas decisões públicas ainda caminha com certa timidez. Nesse modelo, os cidadãos são instigados a participar da vida pública somente por meio do voto e não pelo engajamento nas tomadas de decisão das políticas que impactam sua vida.

Ao longo dos anos trabalhando com educação política e cidadã com jovens e adultos, a pergunta que mais recebi foi sempre a mesma. Não se tratava de uma dúvida sobre qual o melhor caminho para garantir um direito ou como acessar uma política pública. O questionamento mais comum era:

"Mas eu realmente posso fazer algo?"

Essa indagação reflete uma sensação de desconfiança e impotência – uma percepção de que as estruturas do Estado e do Poder Público são intocáveis, distantes da realidade cotidiana – que se amplifica pela desigualdade social estrutural do Brasil, onde conquistar direitos básicos muitas vezes parece ser um privilégio inalcançável, em especial quando consideramos a interseccionalidade entre classe, gênero e raça. Essa disparidade cria um abismo entre os direitos teoricamente garantidos e a realidade vivida por muitos brasileiros.

No entanto, é desse rol de desafios e possibilidades que a participação direta dos cidadãos emerge. Por isso, compreender a cidadania e saber como exercitá-la é fundamental para todos os brasileiros, pois é através dela que seguimos na luta pela garantia de direitos e pela construção de um país mais justo e equitativo. Estamos em uma jornada longa, na qual os avanços já alcançados não devem ser subestimados, mas também não devem nos fazer complacentes.

Então, como despertar para a cidadania?

Alguns anos atrás, ao iniciar a graduação em administração pública, recebi de presente o livro *Conversas sobre política*, de Rubem Alves, um acerto perfeito de minha mãe. Desde então, mesmo após lê-lo algumas vezes, costumo folhear suas páginas em busca de inspirações sutis e filosóficas sobre nossa atuação coletiva, e quero compartilhar um pouco desse sentimento com você. Um dos fragmentos de que mais gosto no livro é este:

> O político por vocação é um apaixonado pelo grande jardim para todos. Seu amor é tão grande que ele abre mão do pequeno jardim que poderia plantar para si mesmo. De que vale um pequeno jardim, se ao seu redor está o deserto? É preciso que o deserto inteiro se transforme em jardim (Alves, 2002, p. 10).

O trecho faz parte da crônica "Sobre política e jardinagem", na qual Rubem Alves destaca a importância de haver bons jardineiros na política. Contudo, essa política a que o autor se refere transcende a esfera partidária. O que sempre me marcou em relação a essas palavras, e à obra em si, é a ideia de que, no desafio de nos tornarmos cidadãos ativos, nos tornamos políticos, especialmente quando nossas ações e decisões impactam o bem-estar coletivo. Engajando-nos de modo ativo na sociedade, contribuímos para o cultivo do "grande jardim" compartilhado por todos.

Rubem Alves, a quem nunca conheci pessoalmente, mas sempre senti como uma presença próxima, faz um chamado: "Escrevo para você, jovem, para seduzi-lo à vocação política. Talvez haja um jardineiro adormecido dentro de você" (p. 11). Assim como fui seduzido por essas palavras, anseio de coração que este livro também possa ser um farol de ideias e inspirações para você.

Como jardineiros de um espaço coletivo, a cidadania ativa exige o cultivo de um compromisso contínuo com nossa comunidade e sociedade. Por isso, o despertar para a cidadania é essencial: cada ação nossa, pequena ou grande, contribui para o tecido da vida comunitária e impacta nosso futuro coletivo.

À palavra "despertar" podemos atribuir o sentido de "acordar" sob uma perspectiva de "tornar-se ativo", "tornar-se consciente", formando uma metáfora poderosa para entendermos a importância do exercício da cidadania. Assim como despertar implica sair do estado de sono para a consciência, exercer a cidadania requer um processo semelhante de "tornar-se ativo" para envolver-se em ações que impactem a própria realidade por meio da contribuição em decisões públicas. Esse envolvimento pode ser traduzido em participações que considerem desde o âmbito comunitário a audiências municipais e conselhos de políticas públicas. Este livro vai explorar como essas diferentes formas de envolvimento contribuem para assegurar a participação da sociedade em ações que promovam a qualidade de vida, ao passo que também fortalecem nossa capacidade de influenciar as políticas e decisões que podem transformar nossas comunidades e municípios.

Há ainda uma outra dimensão desse "despertar", que o difere do mero ato de "estar acordado". No Brasil, onde as desigualdades são profundas, esse despertar social é vital. Exercer a cidadania não é apenas realizar ações que assegurem direitos, mas é também uma forma de aprendizado contínuo que nos ensina a compreender as bases das injustiças sociais. Assim, a natureza do "despertar para a cidadania" pressupõe a compreensão crítica das complexas raízes da desigualdade e a busca de soluções que não sejam apenas reativas ou que desconsiderem os princípios básicos da democracia. O verdadeiro despertar deve ser contínuo e informado, um processo que envolve a compreensão profunda dos problemas sociais e o comprometimento com mudanças sustentáveis. Ele exige um olhar crítico sobre as estruturas existentes e uma participação que seja reflexiva e propositiva. Portanto, a participação social, nesse contexto, torna-se uma prática constante de construção de uma sociedade mais equitativa, na qual os papéis do Estado e do cidadão se complementam em um esforço conjunto para a construção do bem comum.

No entanto, é crucial esclarecer que essa ênfase na participação social não visa transferir toda a responsabilidade para o cidadão individual, pois é um dos deveres do Estado garantir e fomentar essa participação. Uma democracia robusta depende de instituições que permitam e ativamente encorajem a participação social em todas as suas formas.

Desse modo, a ativação da cidadania é uma força vital, um catalisador de mudanças que fortalece os pilares da democracia e que acolhe e potencializa vozes historicamente menosprezadas ou silenciadas, excluídas das decisões públicas, sendo um dos caminhos para reduzir a falta de representatividade de diversos grupos sociais.

Meu convite é para que possamos vivenciar esse eterno despertar, não só para as responsabilidades do exercício da cidadania, mas também para suas potencialidades transformadoras. Não se trata apenas de reivindicação de direitos: a cidadania é sobre nutrir e cultivar o jardim da nossa sociedade, em que cada ação, grande ou pequena, contribui para um ecossistema mais saudável e vibrante.

CONHECER E SONHAR A CIDADE IDEAL

Não há nada como um sonho para criar o futuro.

Victor Hugo

Sonhar uma cidade ideal coloca nossa criatividade para trabalhar e nos faz dar o primeiro passo em direção à transformação social e política. Neste capítulo, vamos explorar como esse sonho pode se tornar o alicerce para ações concretas.

Certamente você já deve ter pensado em melhorias que considera importantes para o seu bairro, comunidade ou cidade, não é mesmo?

Nestes anos trabalhando com participação social, percebi que, antes de começar a discutir ações para exercer a cidadania e criar estratégias para influenciar políticas públicas, é preciso reconhecer os desafios específicos de cada localidade e, a partir daí, sonhar aquilo que se deseja para só depois planejar o que pode ser feito. Ou seja, o sonho, nesse contexto, é o precursor do planejamento e da ação.

 # Falar sobre cidadania é falar sobre sonhos. É falar sobre ter acesso a uma educação de qualidade, poder ingressar em uma universidade, consumir água potável e alimentos saudáveis, usufruir de ações culturais... É poder ser feliz e ter uma melhor qualidade de vida em nossas casas, bairros, comunidades. É sobre sonhar um país e um mundo mais justo, inclusivo, democrático e sustentável. E sonho é algo que ninguém nos tira.

Para sonhar é preciso liberar nossa imaginação, permitindo que ela explore livremente as possibilidades de melhorias para nossa cidade. É nesse exercício de visualização que descobrimos as chaves para desbloquear o potencial transformador que reside em cada um de nós. Assim, tornamo-nos capazes de vislumbrar soluções reais para problemas complexos, de identificar oportunidades de desenvolvimento e de construir, coletivamente, um caminho rumo a comunidades mais potentes e inclusivas.

Como é a cidade dos seus sonhos? Feche os olhos, respire fundo e imagine como seria.

Para auxiliar você nesse exercício, estão reunidos a seguir alguns dos desafios e oportunidades comuns no Brasil, acompanhados de exemplos do que grupos de cidadãos pelo país podem propor e reivindicar, bem como com o que podem contribuir na construção dessa realidade.

VOCÊ SABIA?

CULTURA

3% **é a parcela aproximada da participação do setor cultural no produto interno bruto (PIB) brasileiro, sendo uma significativa força em expansão na economia (Itaú Cultural, [2020]).**

Pense em um grupo de artistas e amantes da cultura que desejam revitalizar espaços públicos abandonados em seu município. Eles podem criar uma associação para reivindicar a transformação desses locais em incubadoras culturais que proporcionem suporte a artistas locais e promovam residências artísticas e festivais que celebrem a diversidade cultural da cidade.

SANEAMENTO BÁSICO

15% **da população brasileira não tem acesso à água tratada, e** **44%** **não tem acesso à rede de esgoto (Brasil, 2023).**

Imagine que os moradores de um determinado bairro estejam enfrentando problemas com o fornecimento de água potável e saneamento básico precário. Esse grupo pode acionar os devidos órgãos do judiciário para que esse direito, garantido pela Constituição Federal, seja cumprido, bem como propor melhorias na infraestrutura municipal para assegurar a distribuição de água limpa e que 100% do esgoto seja coletado e tratado.

COMBATE AO RACISMO

65% **das pessoas sem trabalho no Brasil são negras, o que corresponde a mais de 8 milhões de pessoas.**

56,1% **da população economicamente ativa no Brasil é representada por pessoas pretas. No entanto, os negros ocupam apenas 33,7% dos cargos de direção e gerência (Dieese, 2023).**

Diante da alarmante disparidade racial nos índices de desemprego, um grupo de cidadãos comprometido em enfrentar o racismo estrutural poderia sugerir ações para promover a igualdade de oportunidades de trabalho, como incentivar empresas locais a adotarem políticas de ações afirmativas, como a reserva de vagas e a promoção da diversidade em todos os níveis hierárquicos.

ACESSIBILIDADE EM ESPAÇOS PÚBLICOS

68,8% **dos residentes urbanos vivem em ruas sem rampas de acesso para pessoas em cadeiras de rodas (Mobilize Brasil, 2025).**

Segundo o Censo 2022, essa porcentagem representa cerca de 119,9 milhões de pessoas. Além disso, apenas 47,2% dos hospitais e postos de saúde no Brasil, assim como 31,8% das escolas, contam com rampas de acesso (Estadão Conteúdo, 2025).

A acessibilidade é um direito fundamental, e o Brasil tem uma legislação específica para fazer valer esse direito em espaços públicos: a Lei Brasileira de Inclusão da Pessoa com Deficiência.
Cidadãos podem advogar por iniciativas que promovam a acessibilidade em espaços públicos sugerindo a instalação de rampas, sinalizações adequadas e treinamentos de atendimento inclusivo para funcionários públicos.

GERAÇÃO DE RENDA E INCLUSÃO ECONÔMICA

R$ 16 bilhões

por ano são movimentados pela economia solidária no Brasil, representando uma importante alternativa para a geração de renda e inclusão social (Brasil, 2025).

Cidadãos podem advogar pela criação de feiras locais ou de um mercado municipal de economia solidária. Isso poderia favorecer a organização de eventos regulares para empreendedores locais, promovendo a comercialização de produtos artesanais e incentivando a cooperação econômica na comunidade.

PRESERVAÇÃO DE ÁREAS VERDES

Apenas 6,9% das áreas urbanas do país são cobertas por vegetação (Moura, 2024).

Em algumas metrópoles, a situação é crítica. Na cidade de Manaus (AM), por exemplo, 55,1% dos moradores vivem em áreas sem nenhuma arborização no entorno (Santana, 2025). Áreas verdes urbanas, quando preservadas, oferecem benefícios como redução da poluição e controle da temperatura, além de serem habitats para diversas espécies e poderem se tornar espaços de lazer, contribuindo para a melhora da saúde mental da população. Grupos de cidadãos podem se reunir e pleitear a criação de políticas municipais para a preservação de áreas verdes propondo a implementação de parques urbanos, projetos de arborização e iniciativas de educação ambiental.

EMPREENDEDORISMO FEMININO

46,4% dos microempreendedores individuais no país são mulheres (Britto, 2024). No entanto, elas ganham, em média, 21% menos que homens empreendedores em negócios equivalentes (Brasil, 2024).

Apesar do crescimento do empreendedorismo feminino no Brasil, as mulheres ainda enfrentam obstáculos significativos, como acesso limitado a financiamentos e outras desigualdades estruturais. Em 2022, havia cerca de 10 milhões de mulheres empreendedoras no Brasil, o que equivale a aproximadamente 34% das mulheres adultas tocando o próprio negócio (Sebrae, 2023). Um estudo nacional identificou ainda que 42% das mulheres empresárias já tiveram pedidos de crédito negados pelos bancos. Soma-se a isso a desigualdade racial – apenas 24% das mulheres negras empreendedoras conseguiram formalizar seus negócios, contra 41% das mulheres brancas (Brasil, 2024).

Para promover o empreendedorismo feminino, grupos da sociedade civil podem pleitear a criação de um programa municipal de incubação, acesso facilitado ao crédito e mentoria para mulheres empreendedoras, com atenção especial às demandas de mulheres negras, periféricas, indígenas, LGBTQIAPN+, com deficiência e mães solo. Isso incluiria a formação de uma rede de apoio a mulheres e a oferta de orientação e assessoria para aquelas que buscam iniciar ou expandir seus próprios negócios.

CRECHES

2,3 milhões de crianças de até 3 anos não têm acesso a creche no Brasil. Esse déficit significativo de vagas afeta a vida de muitas famílias que carecem desse serviço (Todos pela Educação, 2024).

Em uma região com demanda crescente por serviços de cuidado infantil, os pais e responsáveis devem reivindicar não apenas a construção de novas creches, mas também a criação de uma política municipal abrangente para a expansão e garantia de vagas. Os pais certamente poderão pleitear a implementação de medidas efetivas que assegurem que todas as crianças tenham acesso a uma educação infantil de qualidade.

PROMOÇÃO DA SAÚDE PARA A POPULAÇÃO IDOSA

32,1 milhões de pessoas, 15,8% da população brasileira, têm 60 anos ou mais (IBGE, 2020, 2023a).

O Brasil enfrenta desafios crescentes relacionados ao envelhecimento da população, o que demanda políticas específicas para a terceira idade. Apesar de programas de envelhecimento ativo, a maioria dos idosos é fisicamente inativa. Quase 60% das pessoas com mais de 60 anos não atingem a recomendação semanal de exercícios.
Em áreas ou bairros com um número significativo de idosos, os cidadãos podem buscar a implementação de um programa de atividades físicas ao ar livre para esse público. Isso poderia incluir a adaptação de espaços como parques e praças para oferecer atividades direcionadas, promovendo a saúde e o bem-estar dessa população.

JUVENTUDE E EMPREGABILIDADE

10,1% é a taxa de desemprego entre jovens de 18 a 29 anos, mais que o dobro da observada entre pessoas de 30 a 59 anos no Brasil (Feijó; Peruchetti, 2025).

Em uma cidade com desafios de empregabilidade para a juventude, um grupo pode pleitear ações governamentais que ampliem a oferta de estágios remunerados. Por exemplo, parcerias com empresas de base tecnológica e startups locais poderiam proporcionar aos jovens a oportunidade de desenvolver novas habilidades e de se envolver em setores inovadores da economia.

MUDANÇAS CLIMÁTICAS

78 milhões de pessoas foram afetadas por desastres climáticos no Brasil entre 2020 e 2023. Esse dado inclui mortos, desalojados, desabrigados e enfermos (Patini, 2025).

O Brasil está sujeito a eventos climáticos extremos, como enchentes e secas, que são agravados pelas mudanças climáticas globais. Entre 2020 e 2023, o país teve o dobro de desastres climáticos anuais em relação ao período de 2000 a 2019. Em 2024, a área queimada aumentou 79% em comparação à média dos seis anos anteriores. Além disso, entre 2011 e 2020, o país registrou uma média de cem dias secos consecutivos por ano, 25% a mais do que entre 1961 e 1990 (ClimaInfo, 2024). Cidadãos preocupados com os impactos desses eventos podem pleitear a criação de um plano municipal de ação climática. Neste plano, podem ser propostas ações como a expansão de áreas verdes urbanas, a implementação de políticas de reciclagem e compostagem, o estímulo ao transporte público e o desenvolvimento de fontes de energia limpa, além da adaptação de moradias e de infraestruturas urbanas e rurais para o enfrentamento de eventos climáticos extremos.

SEGURANÇA ALIMENTAR E COMBATE À FOME

30% dos alimentos produzidos no Brasil são desperdiçados anualmente – somos o 10º país que mais desperdiça comida no mundo –, enquanto a fome ainda afeta milhões de pessoas (FAO, 2019; Simões, 2024).

Em uma comunidade em que a segurança alimentar é uma preocupação, os cidadãos podem demandar a implementação de restaurantes populares, que oferecem refeições a preços acessíveis, a criação de um banco de alimentos para a coleta e distribuição de cestas básicas, ou ainda um programa de fortalecimento da agricultura urbana para impulsionar a produção local de alimentos.

MOBILIDADE URBANA

123,9 milhões de veículos em circulação: esta é a frota de automóveis do Brasil, uma das maiores do mundo. Quase 1 carro a cada 2 brasileiros! (IBGE, 2024)

Trânsito caótico e poluição são as consequências da falta de investimentos em meios alternativos de transporte. No município de São Paulo, por exemplo, o setor de transporte é responsável por cerca de 60% das emissões de gases de efeito estufa na cidade (São Paulo, 2024).
Um grupo interessado na melhoria da mobilidade urbana e da qualidade do ar pode advogar por ações de expansão de ciclovias e ciclofaixas ou por um programa de compartilhamento de bicicletas. Pode-se sugerir que o Poder Público faça parcerias com empresas locais para disponibilizar estações de bicicletas em pontos estratégicos, proporcionando uma alternativa sustentável e eficiente para os deslocamentos na cidade.

Como você pôde notar, são muitos os desafios, mas também são inúmeras as possibilidades de propostas para a construção e reivindicação de soluções que melhorem a qualidade de vida da população. Ao sonharmos com uma cidade ideal, confrontamo-nos com essas realidades diversas, reconhecendo tanto as lacunas quanto as oportunidades inerentes ao contexto vivenciado. Essa consciência sobre o "sonhar" é o combustível para a cidadania ativa que nos impulsiona a agir de forma criativa e inovadora.

Cada desafio que identificamos em áreas como cultura, saneamento, segurança alimentar, mobilidade urbana, educação infantil, sustentabilidade, entre outras, abre portas para intervenções significativas e transformadoras. Ao visualizarmos a cidade dos nossos sonhos, não estamos apenas fantasiando; estamos traçando um mapa para um futuro possível e desejável. Perceba como é fundamental que esse processo de reflexão seja embasado em dados e informações concretas, pois é por meio da análise criteriosa da realidade que conseguimos identificar com precisão as prioridades e os caminhos mais eficazes para a mudança. Por essa razão, é tão importante a observação cuidadosa e atenta de nossas próprias realidades. Este olhar analítico sobre nossas cidades, bairros e comunidades revela não só as carências e desafios, mas também as potencialidades e oportunidades escondidas. Ao fazermos isso, compreendemos melhor o nosso entorno e nos equipamos para transformá-lo de acordo com as aspirações coletivas. Portanto, ao passo que sonhamos com uma cidade ideal, devemos também nos dedicar a observar com curiosidade e detalhe o espaço que habitamos, pois é nesse exercício de observação e reflexão que encontramos as sementes para uma transformação significativa e real.

À medida que nos preparamos para avançar pelas trilhas apresentadas no livro, mantenha em mente que cada ideia nascida da nossa imaginação tem o potencial de se tornar uma força motriz para mudanças reais e positivas. Agora, munidos com nossos sonhos, estamos prontos para explorar as maneiras tangíveis e concretas pelas quais podemos fazer essas aspirações se tornarem realidade, unindo-nos na construção da cidade que não só imaginamos, mas pela qual lutamos e desejamos.

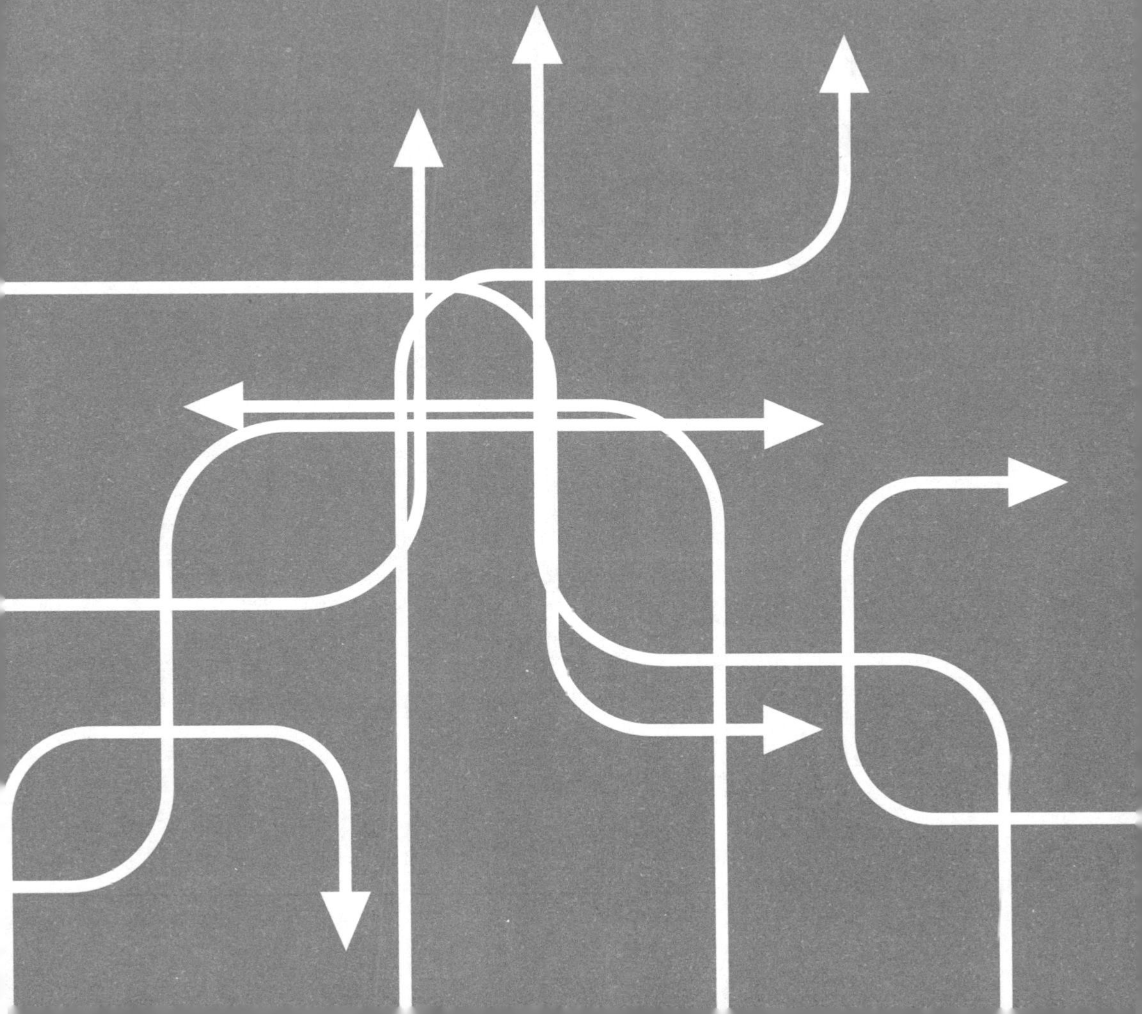

DESCOBRINDO AS TRILHAS DA CIDADANIA

E se tivéssemos um guia prático para o exercício da cidadania? Uma espécie de mapa que expandisse nossos horizontes para além do simples ato de votar, proporcionando-nos um leque de possibilidades pelas quais nós, cidadãos, podemos nos tornar mais participativos e envolvidos nas questões relacionadas a nosso município? Esse é o objetivo deste livro: acompanhar-nos por oito trilhas de cidadania, cada qual com suas estratégias de ação, que, em conjunto, totalizam 23 formas de praticarmos a cidadania.

Imagine cada trilha como uma rota a ser explorada, uma jornada rica em oportunidades para ajudar a construir o futuro de nossas comunidades. Essas trilhas representam grandes temas, como participação social, propostas para a cidade, fiscalização do Poder Público, inovação política, entre outros. Elas traçam os caminhos possíveis e, juntas, desenham a paisagem de uma cidadania ativa.

Em cada trilha, encontramos diferentes estratégias: pense em cada uma delas como recursos, ferramentas ou passagens para avançar nesse território. São possibilidades reais que podemos escolher e utilizar para conquistar melhorias para nossas comunidades. Desde participar de conselhos municipais e propor projetos de lei até engajar-se em redes sociais ou criar um observatório cidadão, essas estratégias são oportunidades concretas para impactar positivamente a realidade local.

Mas saiba que a beleza – e geralmente a efetividade – dessas trilhas está na possibilidade de percorrê-las coletivamente. Por isso, neste livro, ressaltamos a importância de uma atuação coletiva, que preze pela inclusão e diversidade.

 # Quanto mais mãos e olhares, mais legítima é a jornada que se percorre, maior é a pluralidade de ideias, e mais ricos são os contextos sociais e experiências que podem ser compartilhados.

De forma complementar, faça o seguinte exercício: visualize que ao longo dessas trilhas existem alguns pontos de encontro, locais de diálogo e troca, como praças públicas, onde diferentes perspectivas se cruzam. Quando nos reunimos nesses pontos, construímos de modo coletivo um entendimento mais abrangente das questões sociais, que nos permite transcender visões simplificadas.

Metaforicamente, esses locais representam as análises das complexidades sociais brasileiras, fundamentais para a prática da cidadania no Brasil, como os entendimentos sobre raça, gênero e território – imprescindíveis para a compreensão do nosso país e, consequentemente, para a efetivação de ações para transformá-lo.

Assim como podem exitir interseções de caminhos, esses pontos nos permitem compreender que as experiências individuais não são isoladas, mas sim entrelaçadas em uma teia complexa de fatores. Racismo e desigualdade de gênero, por exemplo, estão enraizados nas estruturas sociais brasileiras, portanto, esses pontos de encontro proporcionam uma visão panorâmica e nos permitem enxergar as diversas camadas que compõem a realidade social.

Essa abordagem integrada, portanto, faz parte de nossa prática cidadã. Dessa forma, a jornada coletiva, diversa e inclusiva torna-se mais significativa e potente, refletindo a verdadeira diversidade da cidadania ativa.

Com base nesse aparato crítico, você perceberá que não há um caminho único ou fórmula pronta, mas sim a liberdade de escolher por onde seguir e quais ferramentas utilizar. A verdade é que nossa atuação como cidadãos pode ser planejada e estruturada. Quando compreendemos as diversas trilhas disponíveis e as estratégias à nossa disposição, ganhamos clareza sobre como transformar nossas demandas sociais em ações tangíveis.

Portanto, as trilhas e estratégias apresentadas neste livro são um convite à reflexão sobre como podemos ir além destacando a importância de uma atuação organizada e consciente. Ao mapearmos essa jornada juntos, reconhecemos que cada passo, por menor que seja, contribui para a construção de cidades mais justas, participativas e inclusivas. Afinal, a verdadeira cidadania vai além do voto; ela é uma jornada constante de envolvimento e transformação.

Nos próximos capítulos, você conhecerá as seguintes trilhas:

- # Engajamento coletivo
- # Participação social
- # Propostas cidadãs
- # Fiscalização e controle social
- # Transparência pública
- # Inovação política
- # Participação digital
- # Educação política e cidadã

TRILHA DO ENGAJAMENTO COLETIVO

- Realizar mobilizações comunitárias
- Engajar-se em organizações sociais, redes locais ou movimentos sociais
- Organizar campanhas e petições
- Participar de um partido político ou mandato coletivo

TRILHA DA PARTICIPAÇÃO SOCIAL

- Participar de conselhos municipais
- Acompanhar audiências e consultas públicas
- Participar do orçamento participativo
- Participar de conferências temáticas de políticas públicas

TRILHA DAS PROPOSTAS CIDADÃS

- Solicitar compromissos públicos de candidatos a prefeito e vereadores
- Organizar eventos para a cocriação de soluções públicas
- Propor um projeto de lei

TRILHA DA FISCALIZAÇÃO E CONTROLE SOCIAL

- Utilizar a ouvidoria pública
- Montar um grupo de acompanhamento da Câmara dos Vereadores
- Articular uma iniciativa de fiscalização dos recursos públicos
- Acionar o Ministério Público

Trilhas da cidadania

TRILHA DA TRANSPARÊNCIA PÚBLICA

- Informar-se pelos Portais da Transparência e solicitar informações públicas
- Aprender a checar notícias e combater *fake news*

TRILHA DA INOVAÇÃO POLÍTICA

- Organizar um observatório cidadão
- Propor a realização de um minipúblico
- Criar um parlamento jovem

TRILHA DA PARTICIPAÇÃO DIGITAL

- Utilizar tecnologias de participação e ativismo digital
- Adaptar ou criar ferramentas digitais

TRILHA DA EDUCAÇÃO POLÍTICA E CIDADÃ

- Promover espaços formativos de educação política e cidadã

TRILHA DO ENGAJAMENTO COLETIVO

Na primeira trilha, exploraremos as diferentes formas de exercer a cidadania por meio da mobilização e do engajamento coletivo. Acredito que a cidadania ativa pode começar com ações individuais simples em favor de um bem coletivo. No entanto, essas ações ganham ainda mais significado quando realizadas em conjunto com outras pessoas. Por isso, as primeiras estratégias que gostaria de apresentar são aquelas em que nos unimos enquanto comunidade para transformar uma realidade.

Gosto de pensar que a primeira faísca para acender a chama da cidadania ativa surge quando realizamos algo colaborativo em benefício da comunidade. Por exemplo, o simples ato de separar o lixo entre orgânicos e recicláveis em casa, uma atitude tomada por um bem maior, já é um exercício de cidadania. Ainda que pareçam pequenas, ações como essa podem ter uma escala e um impacto ainda maiores quando organizadas por um grupo de pessoas.

Portanto, a primeira noção à qual quero chamar sua atenção é a de que a cidadania nem sempre diz respeito à relação entre sociedade civil e Estado; ela também inclui os atos realizados de forma conjunta e legítima para atender necessidades difusas na conquista por direitos sociais.

Por esse motivo, nossa primeira trilha se inicia com ações mais acessíveis, geralmente realizadas em pequenos grupos informais e, partir delas, progrediremos para mobilizações mais estruturadas e contínuas ao longo do caminho, destacando o poder da ação coletiva como motor de mudanças rápidas e eficazes. Aqui exploraremos tópicos como incentivar mutirões ou ações ativistas, engajar-se em redes, organizações coletivas ou movimentos sociais, organizar ou participar de campanhas e petições, e até mesmo considerar a participação em partidos políticos ou mandatos coletivos.

Vamos dar o primeiro passo?

TRILHA DO
ENGAJAMENTO
COLETIVO

#1

REALIZAR MOBILIZAÇÕES COMUNITÁRIAS

Mutirão, pixurum, muxirum... são muitas as expressões utilizadas no Brasil para denominar um tipo de encontro comunitário no qual um grupo de pessoas se reúne voluntariamente para realizar tarefas em benefício de uma comunidade ou para conquistar um objetivo comum. Muito comuns na cultura brasileira, essas iniciativas de colaboração coletiva são excelentes práticas cidadãs e podem ser realizadas por grupos pequenos.

EXEMPLOS DE MOBILIZAÇÕES COLETIVAS

Limpeza de margens de rios e praias
Criação e manutenção de hortas comunitárias
Reformas e melhorias em espaços comunitários
Pintura e revitalização de espaços públicos
Criação de parques e jardins comunitários
Construção de espaços de lazer
Mutirão de leitura para crianças

Oficinas de artesanato e habilidades manuais
Criação de sistemas de trocas comunitárias (alimentos, roupas, serviços, etc.)
Ações de conscientização ambiental
Resgate de tradições e festas locais
Instalação de pontos de coleta seletiva

Para realizar ações como as apresentadas, não é necessário que os grupos estejam organizados juridicamente ou que as ações tenham alguma periodicidade. Os grupos podem se mobilizar para a realização de uma ação pontual, como é o caso da limpeza das margens de um rio ou de uma praça.

Essas formas simples de exercer a cidadania possuem um poder que vai além da ações em si. Costumo dizer que, quando bem organizadas, elas funcionam como uma espécie de "faísca" ou "estopim": simbolizam um ponto de partida rápido e eficaz que pode desencadear uma resposta imediata de uma comunidade e traduzem a capacidade das pessoas de se unirem e agirem coletivamente, aproveitando os recursos disponíveis e o espírito de colaboração para alcançar mudanças tangíveis em um período relativamente curto.

Além dos exemplos mencionados nos tópicos anteriores, cogite também a construção ou a reforma de um salão de uma associação de bairro. Alguns dias de força-tarefa para a criação ou melhoria de um espaço destinado a reuniões podem render um engajamento futuro para que encontros periódicos aconteçam e que neles os moradores possam dialogar sobre soluções e melhorias para o seu bairro. O intuito é fomentar uma reação em cadeia que amplie e qualifique o exercício da cidadania.

Complementando as mobilizações pontuais, existem práticas estruturadas que podem tornar mais coesa a organização comunitária e fortalecê-la, como os chamados protocolos comunitários: combinados ou regras internas criados por uma ou mais comunidades de um território que refletem sua identidade e determinam a maneira como se relacionam internamente e com agentes externos. Os protocolos definem procedimentos, critérios e ferramentas para a gestão do território, uso dos recursos naturais, relacionamento com empresas e o Poder Público, entre outros. Acompanhe um exemplo dessa prática a seguir.

Tive o privilégio de acompanhar o desenvolvimento do Protocolo Comunitário do Bailique, no Amapá, em meio à Floresta Amazônica. Foi um processo vivo, que, ao longo dos anos, promoveu vários "encontrões" anuais entre as diversas comunidades locais e articulou grupos de trabalho temáticos, como os de juventudes e cadeias de valor, mantendo o plano de execução do protocolo ativo, para além de constar apenas no papel. As comunidades do Bailique estabeleceram, por meio do protocolo, regras coletivas relacionadas ao uso e manejo sustentável dos recursos naturais. Com o objetivo de proteger a floresta e tornar o uso desses recursos mais eficiente, a comunidade conquistou a primeira certificação Forest Stewardship Council (FSC) do mundo para o manejo sustentável do açaí. A extração do fruto foi definida como a principal cadeia produtiva para geração de renda, e, para fortalecer essa atividade, foi criada a Cooperativa de Produtores Agroextrativistas do Bailique (Amazonbai). A certificação, somada à criação da cooperativa, contribuiu para quebrar a dependência de atravessadores e impulsionar o acesso a novos mercados. O fortalecimento da organização social também se tornou uma prioridade. A criação da Associação de Comunidades Tradicionais do Bailique (ACTB), junto com a atuação dos grupos de trabalho, foi fundamental para garantir a execução das decisões do protocolo e o empoderamento das comunidades. Entre as ações voltadas à transformação social e educacional, o protocolo priorizou a implantação

de uma escola, a Escola Família Agroextrativista do Bailique (EFAB), voltada à educação formal das crianças e adolescentes, e a criação do Centro de Vocação Tecnológica (CVT), a fim de oferecer um curso técnico em alimentos da agrobiodiversidade local, com foco no açaí. Além disso, organizações filantrópicas, universidades e órgãos públicos, como o Ministério Público Federal, foram acionados buscando apoio para a regularização fundiária e o reconhecimento dos direitos territoriais das comunidades.

Note como estabelecer procedimentos e prioridades pode ser interessante para alinhar ações por acesso a direitos e melhorias na qualidade de vida local. No caso dos protocolos comunitários, é importante destacar que, muitas vezes, esses processos surgem como resposta a ameaças externas, como a chegada de grandes empreendimentos em áreas próximas a comunidades indígenas ou quilombolas, por exemplo. Contudo, também podem ser estabelecidos de maneira proativa pelas comunidades para definir acordos de convivência, objetivos comuns e estratégias de trabalho conjunto, sendo uma poderosa ferramenta de mobilização.

Todavia, independentemente se o engajamento para uma ou mais ações coletivas é pontual ou planejado, quero também chamar a atenção para uma oportunidade que esse tipo de interação oferece: quando pessoas se reúnem para a realização de uma ação coletiva em favor de um bem comum, o processo se constitui de forma pedagógica. Normalmente, as ações coletivas despertam a noção de que é possível construir ou transformar realidades e de que compartilhamos uma "casa": uma comunidade, um bairro, uma cidade, um país e, por fim, um mesmo planeta. É nesses momentos que reanimamos a crença em nossa força coletiva e percebemos que, se nos organizarmos, é possível fazer ainda mais. Desse modo, nossa ligação com o grupo e com o território se estreita, assim como se aguça o nosso senso de pertencimento local. Quanto mais entendemos que fazemos parte dessa totalidade e que podemos cuidar dela, mais nos aproximamos de uma cidadania ativa.

Por isso ações educacionais são tão complementares a esse tipo de mobilização coletiva. Agir pela transformação de uma realidade é um despertar crítico sobre o contexto em que vivemos e também um caminho de aprendizados contínuos associados a práticas que contribuem para a obtenção de direitos fundamentais.

Nesse sentido, se tomarmos como exemplo a implantação de uma horta comunitária, uma possibilidade de ação complementar é a realização de oficinas e cursos sobre educação alimentar e nutrição para as pessoas que cuidarão e serão beneficiadas pela horta. Em outro exemplo, a limpeza do rio pode vir acompanhada de ações de conscientização ambiental, para que as pessoas descartem seus resíduos de maneira adequada. Uma panfletagem local ou visitas a casas construídas no entorno podem ser ações interessantes para evidenciar a importância de manter os rios limpos e apresentar as formas e locais corretos de descarte. Assim, para quem participa dessas ações, o aprendizado se dá tanto de forma teórica como prática, no exercício da cooperação, do trabalho em equipe e da comunicação, competências também fundamentais para a prática de atividades cidadãs.

Em qualquer que seja o exemplo, essa ligação entre a ação prática e o compartilhamento dos conhecimentos aprendidos é muito importante. E a fim de alcançar ainda mais apoiadores e de chamar a atenção das autoridades para tais ações, a realização de manifestações públicas também são uma forma de exercer a cidadania por meio do ativismo. Mas isso veremos mais adiante. Por enquanto, que tal organizar um mutirão ou puxirum em sua cidade?

TRILHA DO
ENGAJAMENTO
COLETIVO

#2

ENGAJAR-SE EM ORGANIZAÇÕES SOCIAIS, REDES LOCAIS OU MOVIMENTOS SOCIAIS

Em nossa segunda parada na trilha do engajamento coletivo vamos entender que é possível organizar ou participar de grupos articulados e com caráter mais duradouro, como coletivos, movimentos sociais, redes locais ou organizações da sociedade civil, compreendendo um pouco mais do funcionamento de cada um. Esses agrupamentos possuem um papel importante no fortalecimento da cidadania no Brasil e representam diferentes expressões da ação coletiva em sociedade. E há muitos deles por aí.

Existem **coletivos organizados** que atuam com promoção de arte e cultura ao dar visibilidade a expressões artísticas, como grupos de hip-hop ou capoeira; outros se ancoram na defesa dos direitos humanos, apoiando causas como os direitos das pessoas LGBTQIAPN+ e colocando em pauta questões raciais, de gênero ou migratórias. Há ainda aqueles ligados a apresentar soluções ambientais, com foco em restaurações florestais, combate a incêndios ou em defesa da vida animal. São muitos os exemplos!

Esses coletivos podem se organizar de diferentes formas jurídicas. Alguns são apenas grupos informais de cidadãos, outros constituem-se como fundações ou associações sem fins lucrativos, popularmente conhecidas como **organizações não governamentais (ONGs)**. As ONGs são, na verdade, instituições privadas sem fins lucrativos que atuam em benefício de causas de interesse público. Embora o termo "ONG" seja amplamente utilizado, ele não tem reconhecimento jurídico na legislação brasileira. Por isso, neste livro, adotamos o termo mais preciso e atual: **organizações da sociedade civil (OSCs)**. Essa nomenclatura passou a ser amplamente utilizada a partir da década de 1990, por influência do Banco Interamericano de Desenvolvimento (BID), e foi consolidada no Brasil com a promulgação da Lei nº 13.019, de 31 de julho de 2014, o Marco Regulatório das Organizações da Sociedade Civil (MROSC). As OSCs compõem o chamado terceiro setor, o qual se caracteriza pelo desenvolvimento de projetos voltados ao bem coletivo, sem fins lucrativos e sem vínculo com o Estado. Por exemplo, entre elas, há entidades de ajuda humanitária e ambiental com grande abrangência internacional, como o Médicos sem Fronteiras ou o Greenpeace, mas há também organizações que atuam em esferas menores e que geralmente aceitam voluntários que se interessem em apoiar seus trabalhos.

Outras formas de organização existem para representar os moradores de um determinado local. Onde você mora existe alguma **associação comunitária**? Por exemplo, uma associação de moradores do bairro "A" ou uma associação das comunidades da região "B". Defendendo assuntos de interesse comum (educação, saúde, segurança, etc.), essas associações contribuem para a organização e o desenvolvimento de ações que visem melhorias em uma comunidade, bairro ou território, e são muito comuns no Brasil.

Já os **movimentos sociais** são grupos que existem em torno de uma causa política ou social e normalmente estão relacionados à garantia de direitos como habitação, acesso à terra, desenvolvimento sustentável, entre outros. Muitos desses movimentos são bastante conhecidos e atuam em contexto nacional, como o Movimento dos Trabalhadores Rurais Sem Terra (MST) e o Movimento dos Trabalhadores Sem-Teto (MTST). Isso não quer dizer que não existam movimentos que atuem em esferas locais, como municípios ou regiões. Esta é mais uma maneira de um grupo de cidadãos se organizar para manifestar os seus desejos e exigir os seus direitos, mais um tipo de coletivo do qual você pode participar ou até mesmo ajudar a criar.

Percebe como essa trilha possui várias possibilidades? Vamos continuar juntos nesse caminho, pois ainda quero te apresentar mais algumas opções.

Até mesmo os **grêmios estudantis**, que são coletivos formados por estudantes de uma instituição de ensino, como escolas ou universidades, possuem um papel importante no exercício da cidadania. Com o objetivo de representar os interesses dos alunos, os grêmios promovem a participação democrática e contribuem para o desenvolvimento da comunidade escolar. As escolas devem ser um dos principais ambientes em que é possível se compreender a dimensão de um espaço democrático, no qual as pessoas tornam suas vozes mais ativas e aprendem, desde cedo, que podem transformar realidades a partir de ações organizadas e inclusivas.

Existem também **redes e coalizões** que reúnem ou agrupam diferentes coletivos, movimentos e organizações sociais, como os já mencionados. A Coalizão Negra por Direitos e o Pacto pela Democracia são exemplos de redes que atuam no Brasil. Fóruns nacionais, estaduais ou municipais, que se dedicam a promover articulações e diálogos a respeito de determinados temas visando à análise de cenários e à construção e incidência de propostas públicas, são também outra forma de organização. É o caso do Fórum Brasileiro de Economia Solidária, do Fórum Brasileiro de Segurança Pública, do Fórum Nacional da Educação e do Fórum Brasileiro de Soberania e Segurança Alimentar. Esses espaços podem estar configurados como associações da sociedade civil ou até mesmo instituídos por leis, ancorados em órgãos públicos. Todavia, o fundamental é que essas entidades ajudam a consolidar objetivos comuns entre diferentes pessoas, coletivos, organizações, universidades e setores governamentais, sempre em favor de um conjunto de causas específicas. Nesse sentido, é plenamente possível – e muito interessante – articular uma rede local em sua cidade para a resolução de alguma demanda pública, ainda que sem uma formalização. Redes informais são articulações que não possuem CNPJ, estatuto ou estrutura formalizada, mas funcionam com base em relações de confiança, objetivos comuns e disposição coletiva para atuar em determinado tema. Por exemplo: imagine uma rede de organizações e lideranças que se reúnem periodicamente para dialogar sobre a garantia de direitos para crianças e adolescentes. Esse grupo poderia ser composto por conselheiros tutelares, professores, lideranças religiosas, assistentes sociais e representantes de OSCs, que se encontram mensalmente em uma escola pública do bairro para compartilhar informações sobre situações de vulnerabilidade, encaminhar casos à Prefeitura ou Câmara dos Vereadores e construir campanhas locais de conscientização. Mesmo sem formalização jurídica, esse tipo de rede pode ter grande força de mobilização e impacto concreto no território.

Seja qual for o exemplo de agrupamento cidadão, esses espaços nos ajudam a estruturar ações de maneira mais eficiente e assertiva. Coletivos, organizações ou movimentos são capazes de potencializar ações individuais ou de pequenos grupos e, além disso, de provocar diferentes formas de atuação junto com outras redes ou o Poder Público – que ainda veremos neste livro. Isso quer dizer que se você pretende se engajar em uma causa, vale a pena conhecer iniciativas em sua localidade e somar esforços com elas. E, claro, se for o caso, sempre é possível montar seu próprio coletivo, organização social, comunitária ou movimento social.

CONHEÇA MAIS SOBRE ALGUMAS ORGANIZAÇÕES DA SOCIEDADE CIVIL E MOVIMENTOS SOCIAIS:

TETO BRASIL

Presente no Brasil desde 2006, a TETO é uma organização formada por jovens voluntários que desenvolvem iniciativas de moradia e habitação em comunidades precárias, atuando em parceria com os moradores. O objetivo é fortalecer as capacidades locais para a construção de comunidades autogeridas e, assim, contribuir para a superação da pobreza no país.

https://br.techo.org/

CENTRAL ÚNICA DAS FAVELAS (CUFA)

Há mais de 25 anos, a CUFA promove a inclusão social nas favelas brasileiras por meio do esporte, da cultura, da educação, da cidadania e do empreendedorismo. Está presente em todos os estados do Brasil, no Distrito Federal e em mais de sessenta países, sendo uma referência global.

https://cufa.org.br/

MÉDICOS SEM FRONTEIRAS

Organização internacional, não governamental e sem fins lucrativos cuja missão é oferecer cuidados de saúde a populações em situação de emergência, como em casos de catástrofes naturais, conflitos armados, guerras, fome, epidemias e exclusão social. Existe desde 1971 e atua em diversos países.

https://www.msf.org.br/

COALIZÃO NEGRA POR DIREITOS

Iniciado em 2019, o movimento reúne mais de duzentas organizações do movimento negro brasileiro para a defesa da vida, da democracia e dos direitos da população negra. Atua em pautas como combate ao racismo estrutural, genocídio da juventude negra e ampliação da representação política.

https://coalizaonegrapordireitos.org.br/

MOVIMENTO DOS TRABALHADORES RURAIS SEM TERRA (MST)

Movimento social do campo que luta pela reforma agrária, justiça social e soberania alimentar no Brasil. Atua desde 1984 com ocupações de terra, produção agroecológica e educação popular, além de ser uma das maiores organizações camponesas da América Latina.

https://mst.org.br/

MOVIMENTO XINGU VIVO PARA SEMPRE

Movimento de resistência popular que reúne povos indígenas, ribeirinhos, ambientalistas e entidades civis em defesa do rio Xingu e dos modos de vida ameaçados por grandes empreendimentos, como a Usina de Belo Monte. Atua desde 2008 no Pará, com foco em justiça ambiental e direitos territoriais.

https://xinguvivo.org.br/

TRILHA DO
ENGAJAMENTO
COLETIVO

#3

ORGANIZAR CAMPANHAS E PETIÇÕES

Você já viu ou já participou de um **abaixo-assinado**? Essa ferramenta é amplamente utilizada quando as pessoas estão descontentes com algum problema ou desejam propor uma solução ou melhoria para uma questão coletiva.

Também conhecido como petição, o abaixo-assinado é um documento que reúne assinaturas de pessoas que estão de acordo com a causa apresentada. Hoje em dia, pode ser realizado inclusive de forma on-line.

Suponhamos que um bairro enfrente um problema recorrente de vazamento de esgoto. Os moradores, ao solicitar a resolução do problema pela Prefeitura, podem realizar a coleta de assinaturas dos vizinhos do bairro. Na sequência, o documento pode ser apresentado aos órgãos competentes, como a uma secretaria municipal de obras e infraestrutura, ao serviço municipal de água e esgoto ou à própria Câmara dos Vereadores, que também tem a função de fiscalizar esse tipo de problema e resolvê-lo no Poder Executivo.

Foi o que aconteceu, por exemplo, no bairro do Jaguaré, na cidade de São Paulo. Um morador percebeu que o tempo do semáforo para pedestres era curto demais, colocando em risco a segurança de quem atravessava uma avenida movimentada. Com o apoio da vizinhança, ele iniciou um abaixo-assinado on-line solicitando à Prefeitura e à Companhia de Engenharia de Tráfego (CET) o aumento do tempo de travessia e melhorias na sinalização. A mobilização, que contou com setecentas assinaturas, teve resultado: as autoridades atenderam ao pedido e implementaram as mudanças, tornando a travessia mais segura para todos.

Para melhor visualizar esse processo, veja as possíveis etapas para a elaboração de uma petição eficaz, desde a identificação do problema até a sua apresentação às autoridades competentes.

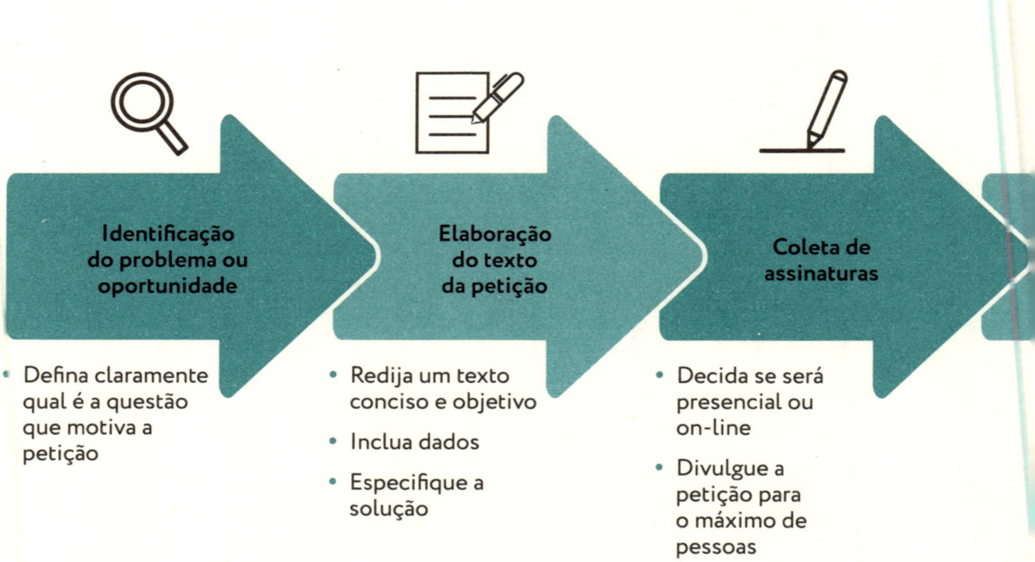

Figura 1 – Como elaborar uma petição

Há também formas de realizar **petições on-line**, sendo as plataformas mais conhecidas: Avaaz, Change e Nossas. Imagine que uma grande parte dos moradores de um município seja contra a construção de um condomínio privado de casas em determinado local, pois a obra causará transtornos no planejamento urbano e na mobilidade das pessoas. Como se trata de uma ação de maior abrangência, realizar uma petição on-line pode ser interessante. Assim, um cidadão ou um grupo pode redigir a petição relatando o máximo de detalhes possível. A inserção de dados, informações, análises técnicas e relatos da população ajuda a dar credibilidade ao texto. Na sequência, o objetivo é disseminá-lo para o máximo de pessoas interessadas e impactadas pelo potencial problema para que também assinem. Assim como no exemplo anterior, é importante apresentar a petição, após a coleta de assinaturas, às autoridades competentes. Além da Prefeitura e da Câmara dos Vereadores, a petição também pode ser enviada para a imprensa local, para órgãos do Judiciário e até mesmo para o Ministério Público.

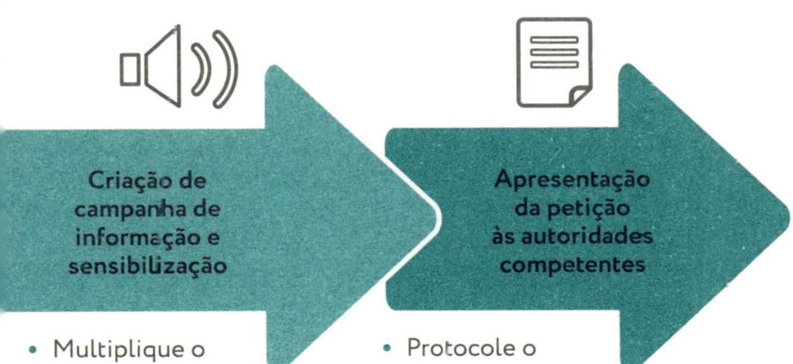

- Multiplique o conhecimento sobre a causa com informações e dados reais

- Protocole o documento e receba uma confirmação
- Continue acompanhando os desdobramentos

Mas como fazer para que um abaixo-assinado chegue a um bom número de pessoas? E, mais do que isso, como sensibilizar as pessoas e demonstrar a importância da causa em questão?

As respostas surgem de outra oportunidade interessante: a realização de **campanhas de informação e sensibilização**. Elas podem contribuir para a disseminação das recomendações sugeridas no abaixo-assinado. Por exemplo, no primeiro caso citado, seria possível promover ações de conscientização sobre os perigos e doenças trazidas pelo esgoto a céu aberto, para que a população esteja atenta a essas questões. As mesmas pessoas responsáveis pela coleta de assinaturas podem ser multiplicadoras de conhecimento. Já no segundo exemplo, seria possível estimular campanhas sobre o direito à cidade e à mobilidade urbana, prejudicada por condomínios construídos em locais inadequados. Tais ações podem ser realizadas de forma presencial (conversas de porta em porta, fixação de cartazes, aulas ou debates em locais públicos, etc.) ou de forma virtual (criação e disseminação de posts em redes sociais, eventos on-line, publicação de notícias, etc.).

Perceba que uma ação puxa a outra e é por isso que estamos caminhando por diversas trilhas de cidadania. Vamos em frente!

CONHEÇA AS INICIATIVAS MENCIONADAS NESTA ESTRATÉGIA

Avaaz
https://secure.avaaz.org

Change.org
https://www.change.org

Nossas
https://nossas.org

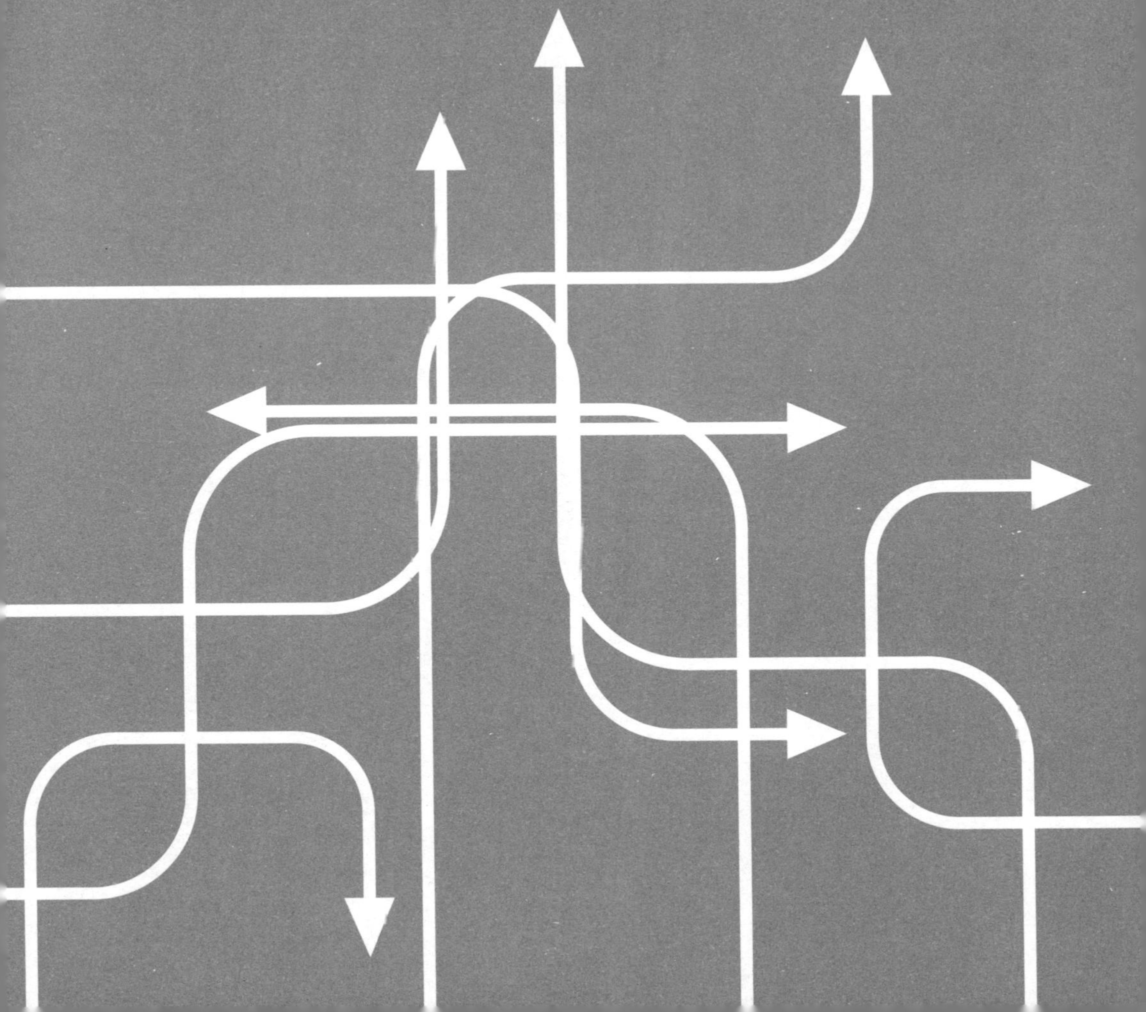

TRILHA DO
ENGAJAMENTO
COLETIVO

#4

PARTICIPAR DE UM PARTIDO POLÍTICO OU MANDATO COLETIVO

Muita gente se esquece ou desconsidera a opção de exercer sua cidadania contribuindo com um **partido político** – e isso não significa, necessariamente, tornar-se candidato e disputar uma eleição.

Os partidos políticos também são organizações da sociedade civil e não têm finalidade lucrativa. Seu intuito é reunir pessoas que compartilhem um mesmo alinhamento político e ideológico, a fim de ocupar o Poder Público. Todo partido deve ser registrado no Tribunal Superior Eleitoral (TSE) para que possa lançar candidaturas tanto ao Legislativo quanto ao Executivo.

No Poder Legislativo, os cargos eletivos em esfera municipal são os vereadores, no âmbito estadual são os deputados estaduais e, no contexto nacional, são os deputados federais e os senadores. Em relação ao Poder Executivo, os chefes máximos elegíveis no âmbito municipal são os prefeitos; no estadual, os governadores; e no nacional, o presidente da República. Para poder se candidatar a qualquer um dos cargos mencionados, é preciso estar vinculado a um partido político.

Além de representar a população, os partidos políticos devem servir como uma conexão entre as reivindicações e necessidades da sociedade e os governantes, influenciando diretamente na construção de agendas públicas. Por exemplo, os planos de governo de um candidato a prefeito, governador ou presidente são elaborados sempre que um partido concorre a uma eleição municipal, estadual ou federal. Esses documentos contêm a intenção de governo e reúnem boa parte das ações que serão priorizadas durante o mandato.

Vamos colocar essa situação em termos práticos: suponha que você tenha várias ideias de melhorias para a sua cidade e que as eleições municipais ocorrerão no ano que vem. Você pode então solicitar uma filiação a um partido político com o qual você se identifique ideologicamente, ou seja, com o qual existe uma consonância entre o que você e outros membros do partido acreditam em relação a temas como educação, cultura, meio ambiente, direitos humanos, etc. Ao filiar-se ao partido, é possível se engajar nos debates sobre quem serão os candidatos à próxima eleição, bem como quais deveriam ser as ações estratégicas e em quais políticas públicas o partido deveria investir se chegar a ocupar o cargo de prefeito e/ou alguns cargos de vereança.

Assim, além de escolher e lançar candidaturas e de elaborar planos de governo, um partido político também tem a missão de ouvir as demandas da população. Essa proximidade com os cidadãos e grupos sociais é fundamental para a construção de propostas para uma cidade, afinal, é preciso respeitar os anseios das pessoas que nela habitam. Os membros filiados a um partido não precisam se candidatar a um cargo público, mas podem simplesmente dar apoio a todo esse processo de escuta cidadã e de coleta das principais reinvindicações do eleitorado.

Uma outra forma de aproximar a população dos partidos políticos, mais especificamente das candidaturas eleitorais, é por meio dos chamados **mandatos coletivos**. Você já ouviu falar deles? Funcionam assim: em vez de um único indivíduo ocupar o cargo de vereador ou deputado, um grupo de pessoas assume conjuntamente esse papel. Essa abordagem busca incorporar diferentes vozes e perspectivas, refletindo de maneira mais abrangente as necessidades e anseios da população. Comumente, os integrantes desse mandato coletivo estabelecem mecanismos de tomada de decisão conjunta, o que promove uma gestão mais participativa e democrática. Ainda não existe um modelo específico para se organizar um mandato coletivo, mas costumam ser grupos abertos a ouvir os cidadãos e que, muitas vezes, promovem espaços e ações para isso. Participar de um mandato ou estar próximo de um, reivindicando seus direitos e apresentando desafios e soluções, também é uma estratégia interessante para exercer sua cidadania de maneira mais articulada.

Você conhecia todas essas possibilidades relacionadas à participação em um partido político? Tem mais algumas coisas que você precisa saber.

Existem organizações e redes destinadas a contribuir com a preparação de lideranças políticas para ocupar cargos eletivos, como a Rede de Ação Política pela Sustentabilidade (RAPS), o RenovaBR, o Movimento Agora, o Movimento Acredito, entre outros. Essas organizações objetivam capacitar e apoiar novos quadros políticos, proporcionando formações que visam fortalecer habilidades de liderança, gestão pública e comprometimento com valores éticos. Dessa forma, tentam contribuir para a renovação e o aprimoramento do cenário político.

Mas como participar de um partido político se há tanta desconfiança sobre eles? Há dois pontos importantes aqui: primeiro, conforme já apontamos, apesar da desconfiança dos brasileiros, os partidos políticos são um dos principais espaços para influenciar e priorizar pautas, demandas e políticas públicas, além de serem os grupos que representam a população nas esferas do Executivo e Legislativo. Segundo, há um entendimento popular que diz que "se algo não está bom, é preciso fazer alguma coisa para mudá-lo". A diversidade é fundamental para o fortalecimento da democracia, por isso, o ato de "ocupar a política" tem sido tão debatido nos últimos tempos. Ainda que nas últimas décadas tenha havido um crescimento importante da participação de jovens, mulheres, negros e indígenas na política, esses grupos ainda permanecem sub-representados politicamente no país.

Encerramos aqui nossa primeira trilha, a do engajamento coletivo. Partiremos agora para uma nova caminhada, vamos lá?

CONHEÇA AS INICIATIVAS MENCIONADAS NESTA ESTRATÉGIA	
	Rede de Ação Política pela Sustentabilidade (RAPS) https://www.raps.org.br/
	RenovaBR https://www.renovabr.org/
	Movimento Agora https://www.instagram.com/agoramovimento/
	Movimento Acredito https://www.instagram.com/movimentoacredito/

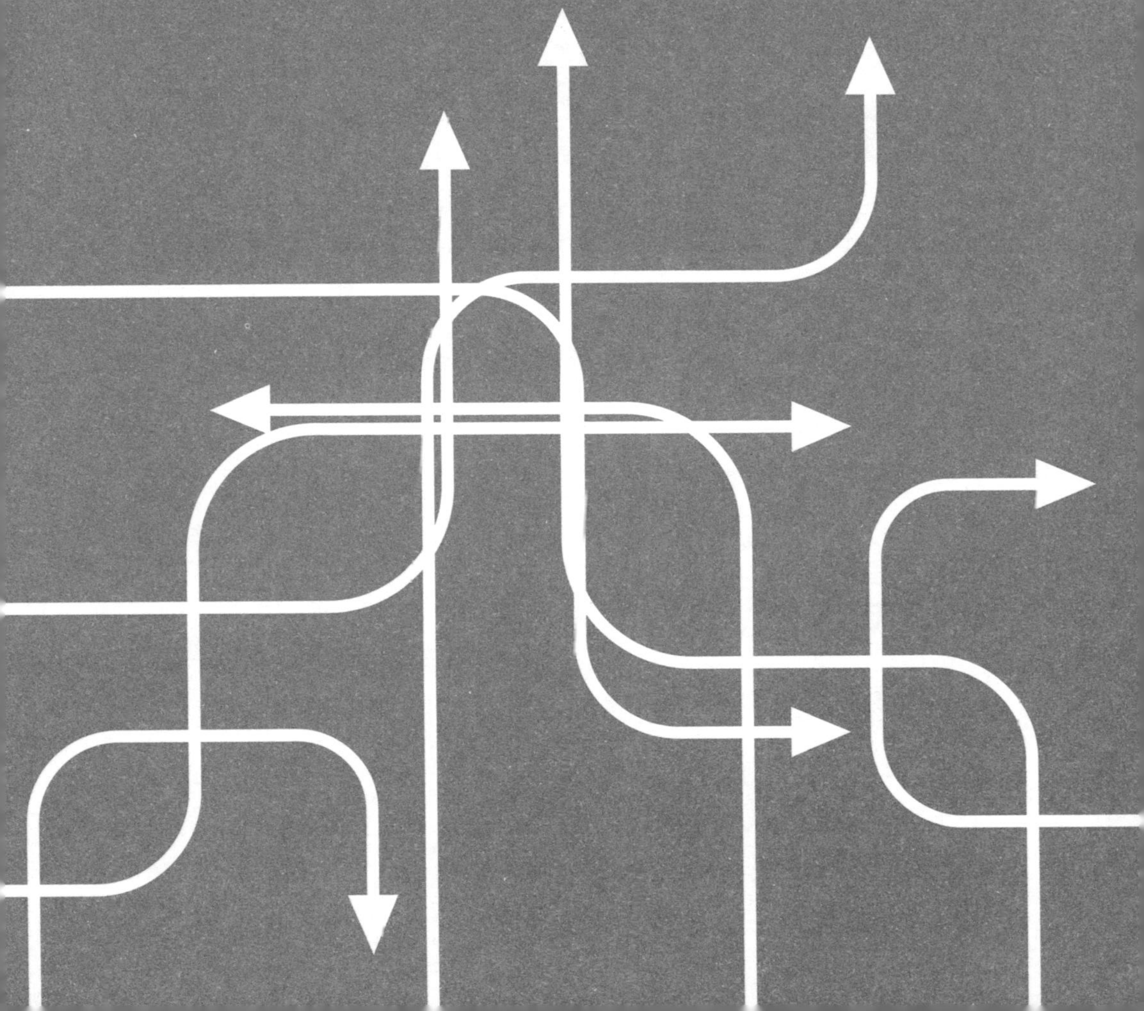

TRILHA DA PARTICIPAÇÃO SOCIAL

Caminharemos agora pela trilha da participação social e exploraremos possibilidades que conduzem diretamente à construção de propostas e à influência nas decisões públicas. Nesta jornada, entenderemos a importância de integrar conselhos municipais, acompanhar audiências públicas, participar ativamente do orçamento participativo (OP) e envolver-nos em conferências temáticas de políticas públicas.

O que diferencia os espaços de participação apresentados nesta trilha daqueles que conhecemos na trilha anterior é a sua natureza formal, organizada e vinculada a estruturas do próprio Estado, já que esses espaços são regidos por leis.

Os chamados espaços institucionais de participação social ou instituições participativas (IPs) são canais formais criados pelo governo, destinados a facilitar e qualificar a contribuição de cidadãos e grupos organizados da sociedade nas tomadas públicas de decisão. Eles funcionam como pontes entre o governo e a sociedade, a fim de garantir que as necessidades e desejos da população sejam efetivamente incorporados no planejamento e na execução das políticas.

 # As IPs são espaços vitais para uma democracia participativa, pois permitem que os cidadãos, além de expressarem suas opiniões, contribuam ativamente para a formulação, implementação e avaliação de políticas públicas.

Há desafios inerentes aos espaços de participação, como a necessidade de garantir que sejam representativos e inclusivos, bem como a de promover uma participação genuína e eficaz. No entanto, quando bem estruturados e conduzidos, eles podem efetivamente representar uma ampla gama de vozes e interesses, contribuindo para a criação de políticas públicas mais equitativas e abrangentes.

Prepare-se para uma imersão no universo da participação social, onde cada passo é uma oportunidade para recomendar e fiscalizar políticas locais. Vamos explorar estratégias para quem busca não apenas ser ouvido, mas também construir políticas que impactem todos?

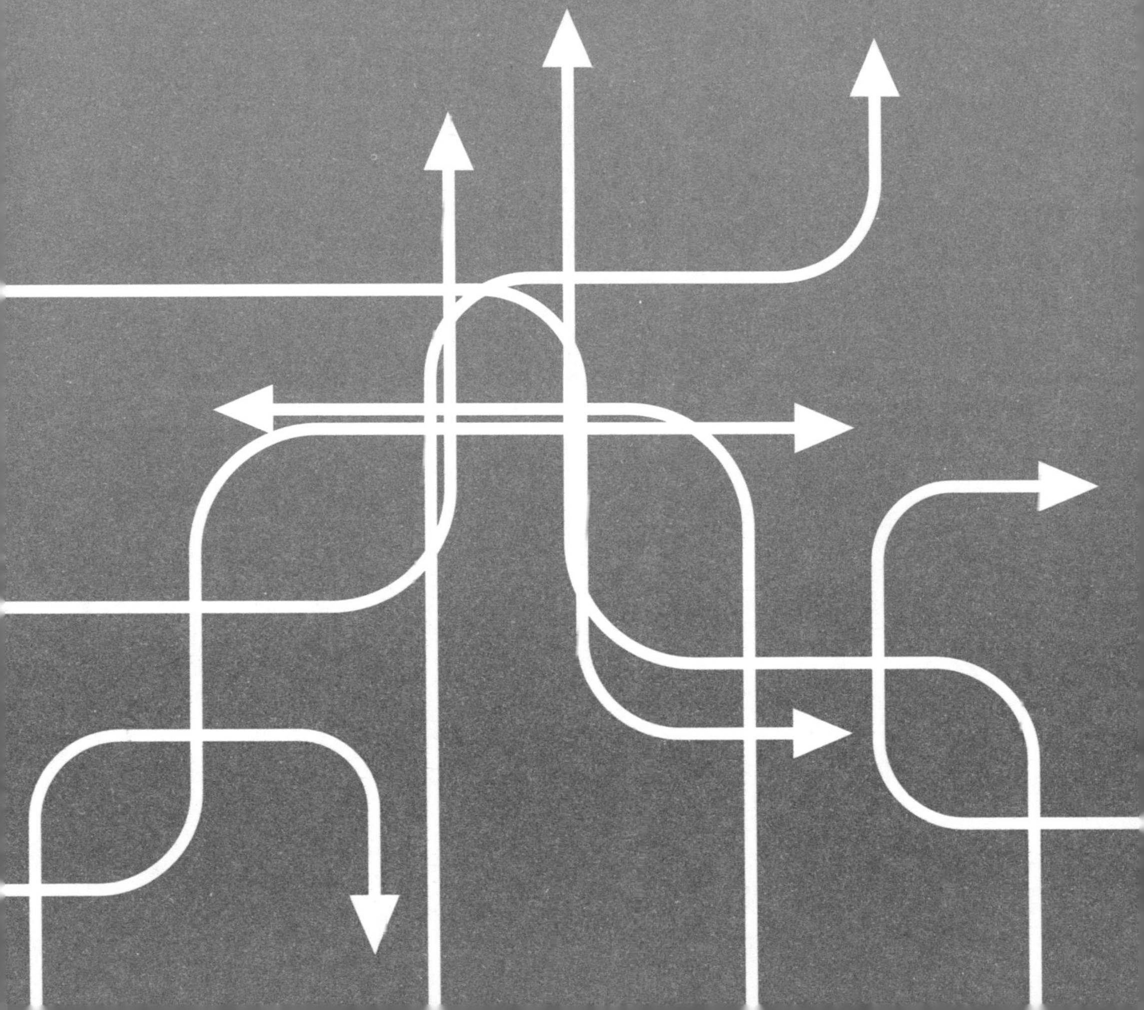

TRILHA DA
PARTICIPAÇÃO
SOCIAL

#5

PARTICIPAR DE CONSELHOS MUNICIPAIS

Suponha que você queira contribuir para a formulação de políticas públicas relacionadas à educação infantil em sua cidade ou se envolver nas decisões sobre as áreas verdes protegidas de seu município, por onde passa um rio importante. Como é possível participar de debates e ações desse tipo, especialmente no acompanhamento de temas centrais e complexos?

A primeira parada na trilha da participação social é nos **conselhos municipais**. Esses órgãos são criados por lei e são responsáveis por elaborar propostas e monitorar as políticas públicas do município. Muitas cidades possuem diversos conselhos em funcionamento contemplando áreas como saúde, meio ambiente, educação, cultura e assistência social.

Mas como eles funcionam de fato? Os conselhos são formados por representantes de organizações da sociedade civil, como associações de bairro, sindicatos, associações profissionais, OSCs e órgãos do Poder Público, como autarquias e secretarias municipais. É justamente a junção entre sociedade civil e Poder Público no debate sobre questões de interesse público que faz dos conselhos espaços relevantes. Neles, ocorrem debates e reflexões a partir de ideias alinhadas ou conflitantes, em um exercício de diálogo político entre diferentes grupos. Conselhos maduros costumam ter bons mediadores, que ouvem e auxiliam a construir soluções a partir de pontos de vista similares e diferentes.

Quanto aos tipos de conselhos municipais, é importante mencionar que existem os consultivos e deliberativos. Os **conselhos consultivos** oferecem sugestões e pareceres, mas as decisões finais são tomadas pelas autoridades competentes. Já os **conselhos deliberativos** têm poder decisório: suas resoluções devem ser obrigatoriamente consideradas e implementadas pelas instâncias responsáveis, ou seja, têm caráter vinculante. Um exemplo são os conselhos municipais de saúde, que por lei são instâncias deliberativas e compostas de forma paritária, com representantes do governo, prestadores de serviços e usuários do sistema de saúde – configuração conhecida como tripartite. Nesse caso, as decisões tomadas em plenária devem ser seguidas pelo Poder Público, o que reforça o papel ativo da população na definição de políticas e ações de saúde no município.

Mas como participar de conselhos municipais? Geralmente, as reuniões são abertas à participação da população e ocorrem mensalmente. Durante os encontros, é possível apresentar sugestões, propostas e denúncias, além de acompanhar as atividades realizadas. Nos conselhos, você também pode se informar sobre como se tornar um membro efetivo com direito a voto. Veja no quadro a seguir alguns exemplos de ação dos conselhos.

Quadro 1 – Conselhos municipais e exemplos de ação

Conselhos municipais (áreas de atuação)	Exemplo de ação
Saúde	Decisões deliberativas sobre políticas e ações de saúde no município, como a definição de prioridades para alocação de recursos ou avaliação de serviços de saúde.
Educação	Elaboração de propostas e monitoramento das políticas públicas de educação infantil, como a implementação de programas de alfabetização ou a melhoria da infraestrutura escolar.
Meio ambiente	Monitoramento e elaboração de propostas para áreas verdes protegidas do município, como a criação de parques urbanos ou ações de educação ambiental.
Cultura	Recomendações de políticas públicas para a Secretaria Municipal de Cultura, como organização de eventos ou fomento a projetos artísticos.
Assistência social	Elaboração de propostas e monitoramento das políticas públicas de assistência social, como o planejamento de programas de apoio a famílias em situação de vulnerabilidade.
Direitos da criança e do adolescente	Definição de prioridades para proteção e promoção dos direitos de crianças e adolescentes, como a criação de projetos de contraturno escolar.
Segurança alimentar	Elaboração de políticas para garantir o acesso à alimentação adequada e saudável, como a criação de hortas comunitárias ou bancos de alimentos.
Direitos da pessoa com deficiência	Elaboração de políticas e ações para inclusão e acessibilidade, como a fiscalização de espaços públicos e o desenvolvimento de programas de capacitação.
Direitos da pessoa idosa	Criação de políticas e ações voltadas ao envelhecimento ativo e saudável, como programas de saúde específicos para a terceira idade.
Habitação	Elaboração de propostas para o desenvolvimento de políticas habitacionais para a população de baixa renda, bem como para a melhoria de moradias.

Agora que você já conhece os conselhos municipais, veja como funciona o processo de participação e a estrutura desses espaços de forma geral. A figura 2 descreve como é possível fazer parte de um conselho e explica seu funcionamento interno.

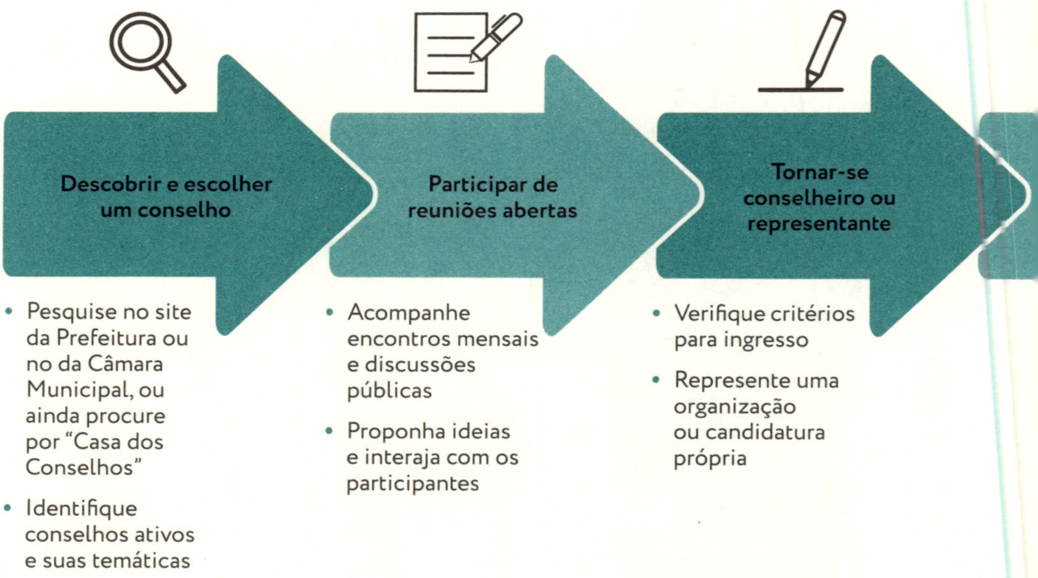

Figura 2 – Como se engajar em um conselho?

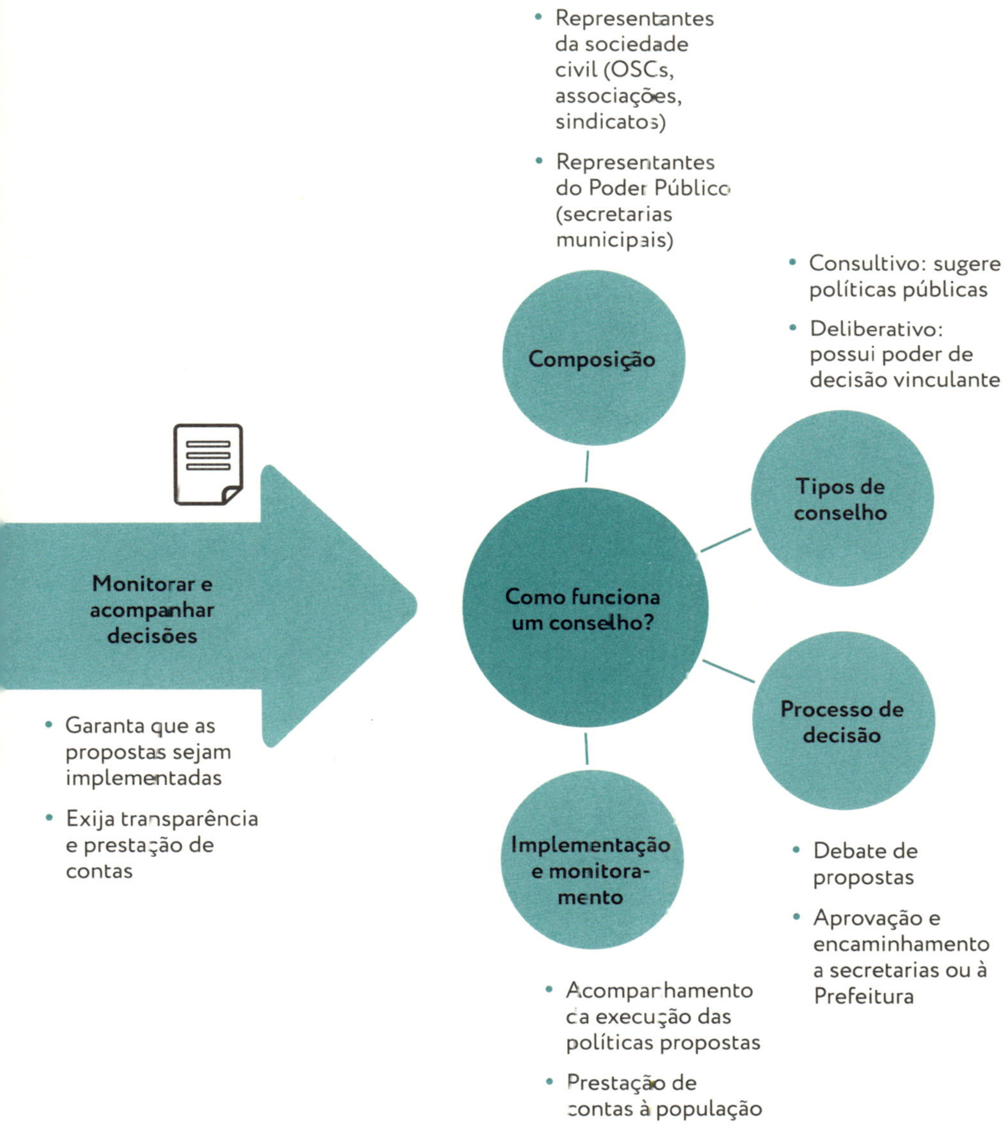

Monitorar e acompanhar decisões
• Garanta que as propostas sejam implementadas
• Exija transparência e prestação de contas
Como funciona um conselho?
Composição
• Representantes da sociedade civil (OSCs, associações, sindicatos)
• Representantes do Poder Público (secretarias municipais)
Tipos de conselho
• Consultivo: sugere políticas públicas
• Deliberativo: possui poder de decisão vinculante
Processo de decisão
• Debate de propostas
• Aprovação e encaminhamento a secretarias ou à Prefeitura
Implementação e monitoramento
• Acompanhamento da execução das políticas propostas
• Prestação de contas à população

Vamos ilustrar o funcionamento dos conselhos com uma situação hipotética. Imagine que uma moradora de sua cidade, artista plástica e entusiasta da cultura local, percebe a falta de iniciativas culturais no município. Ela decide buscar apoio e soluções no Conselho Municipal de Cultura ao compartilhar suas ideias nas reuniões mensais. O envolvimento da artista desperta o interesse de uma OSC dedicada à promoção cultural, a qual detém uma cadeira no conselho. A OSC passa a apoiá-la no aprimoramento das propostas e na articulação institucional necessária para seu encaminhamento formal, contribuindo com sua experiência e capacidade de diálogo com os demais conselheiros. Diversas recomendações de políticas públicas são encaminhadas diretamente à Secretaria Municipal de Cultura. Como membro oficial do conselho, a OSC tem legitimidade para propor pautas e deliberar, o que facilita o trânsito das demandas discutidas nas secretarias municipais. Futuramente, esta cidadã poderá ser voluntária da OSC e até mesmo se tornar uma conselheira municipal.

Para descobrir informações sobre os conselhos municipais, consulte o site da Prefeitura, contate a Câmara Municipal ou pergunte a lideranças públicas de sua cidade. Além disso, alguns municípios contam com uma **Casa dos Conselhos**, um espaço dedicado à divulgação e coordenação dessas instâncias que centraliza informações sobre conselhos ativos, datas de reuniões e oportunidades de participação, facilitando o engajamento cidadão nas decisões comunitárias.

Em diversos cenários, as agendas de alguns conselhos municipais tendem a ser bastante extensas, por isso, algumas cidades contam com outros espaços complementares de participação, como as **comissões de políticas públicas**, mecanismos concebidos para estabelecer um diálogo entre a sociedade civil e o governo, com um objetivo específico e um prazo definido para o cumprimento de suas finalidades. Outro instrumento de participação que visa prevenir, mediar e solucionar conflitos sociais são as **mesas de diálogo**, cujo foco também é o diálogo entre cidadãos e o Poder Público, embora possam adotar um caráter mais permanente.

Participar dos conselhos e demais instâncias permite que você influencie diretamente as decisões que afetam sua comunidade, além de prover uma maior transparência na gestão pública. Ao se envolver de modo ativo, você contribui para criar uma sociedade mais informada, participativa e consciente dos processos políticos locais.

TRILHA DA
PARTICIPAÇÃO
SOCIAL

#6

ACOMPANHAR AUDIÊNCIAS E CONSULTAS PÚBLICAS

Várias das decisões importantes para uma cidade são debatidas em **audiências públicas**, e você pode participar delas. Veja um exemplo: quando um município precisa discutir como será feita a gestão de seus resíduos sólidos, a Prefeitura ou a Câmara Municipal podem convocar uma audiência pública para consultar a opinião da população. O mesmo se aplica a debates sobre um possível aumento na tarifa da água, alterações no planejamento urbano, aprovação do orçamento público, o licenciamento de uma grande obra que impactará o cotidiano da cidade, como uma barragem, uma hidrelétrica ou a abertura de uma estrada, um projeto de lei, a proposta do orçamento anual, a prestação de contas de um determinado período ou atividade, entre outros.

As audiências públicas são, portanto, espaços de diálogo entre o governo e a sociedade civil que visam à troca de informações, opiniões e propostas sobre diferentes temas pertinentes ao interesse público. Elas são sempre convocadas pelo Poder Público (Câmara dos Vereadores ou Prefeitura Municipal) e, em geral, apresentam um assunto específico.

Os eventos são abertos à população, mas em alguns casos é necessário realizar uma inscrição prévia para participar.

O objetivo das audiências públicas é fornecer subsídios para que as decisões públicas tenham maior legitimidade, transparência e participação social. No entanto, é importante ressaltar que, durante as audiências, não são tomadas decisões pelos participantes. Os temas são apenas debatidos, e não há qualquer tipo de votação.

E quando acontecem as audiências públicas? Algumas aprovações ou tomadas de decisão municipais obrigam o Poder Público a convocar audiências, como a elaboração do orçamento anual e a prestação das contas públicas à população. Nada impede também que grupos da sociedade civil pressionem o governo para que determinados temas sejam debatidos no formato de audiência pública.

Uma dica importante é preparar a sua participação nesses espaços. Imagine que o tema a ser debatido seja a possibilidade de construção de uma grande obra que trará impactos negativos para o ecossistema e para as famílias de comunidades tradicionais que habitam o entorno. Certamente, o grupo afetado, junto com os demais cidadãos, coletivos e especialistas no tema, poderá se organizar para reivindicar direitos e participar da audiência pública sobre o assunto.

Nesse sentido, é fundamental que o grupo esteja preparado para uma participação qualificada. Além de alinhar-se para apresentar seus pontos de vista e opiniões, é importante munir-se do máximo possível de dados, estudos e demais informações relevantes para a audiência. Outros pontos que precisam estar organizados e esclarecidos são: quais perguntas o grupo deseja fazer durante o encontro, se haverá um ou mais porta-vozes, o que cada um vai dizer, quais direitos serão reivindicados, quais propostas o grupo vai apresentar, quais serão as sugestões de encaminhamento, entre outros.

Por isso, outra recomendação é protocolar a manifestação com o posicionamento do grupo e entregá-la às autoridades públicas presentes, para que conste na documentação oficial do evento.

Enquanto isso, verifique no calendário da Prefeitura ou da Câmara dos Vereadores quais serão as próximas audiências públicas que ocorrerão em sua cidade.

Diferentemente das audiências públicas, que preveem diálogos com a população de forma mais abrangente, as **consultas públicas** são mecanismos utilizados para coletar contribuições da sociedade em relação a questões de interesse público. Ela orienta políticas e ações adotadas pelos órgãos públicos, proporcionando à população a oportunidade de manifestar suas opiniões e sugestões.

As consultas públicas costumam funcionar da seguinte maneira: primeiro, o órgão público responsável disponibiliza informações sobre o assunto em discussão. Por exemplo, a Secretaria Municipal de Planejamento Urbano disponibiliza informações detalhadas sobre um parque que será construído em uma determinada área da cidade, como localização, tamanho, atividades propostas no parque, entre outras. Ou, ainda, a Câmara dos Vereadores pode lançar uma consulta pública sobre um projeto de lei que inclui incentivos fiscais para empresas que adotarem medidas ecológicas, como redução de resíduos, uso de energias renováveis e programas de reciclagem.

Em seguida, ampla divulgação é feita, informando a população dos prazos para a participação na consulta pública sobre os projetos em questão. Então, os cidadãos poderão expressar suas opiniões, seja on-line ou entregando suas considerações aos órgãos competentes. Ao final, o órgão público deve divulgar um relatório com as contribuições recebidas e as decisões tomadas.

Ainda que o foco deste livro sejam as experiências em esfera municipal, vale a menção a três plataformas federais que abrigam consultas públicas: o Participa Mais Brasil, do Governo Federal, o e-Cidadania, do

Senado Federal, e o Portal da Câmara dos Deputados. Elas oferecem um ambiente virtual para o recebimento de sugestões da sociedade, garantindo transparência e participação efetiva nas consultas públicas.

Um ponto importante: caso o seu município não tenha o costume de realizar audiências e consultas públicas ou não preveja uma ampla divulgação delas, é possível pensar em estratégias para ampliar a participação da sociedade civil nas decisões públicas. Não se preocupe, pois as trilhas lhe mostrarão possibilidades que podem ajudar a estimular ações desse tipo em seu município.

Gostou de conhecer sobre as audiências e consultas públicas? Que tal planejar sua participação ou a de seu grupo em uma delas?

CONHEÇA AS INICIATIVAS MENCIONADAS NESTA ESTRATÉGIA

Participa Mais Brasil
https://www.gov.br/participamaisbrasil

e-Cidadania
https://www12.senado.leg.br/ecidadania

Câmara dos Deputados
https://www.camara.leg.br

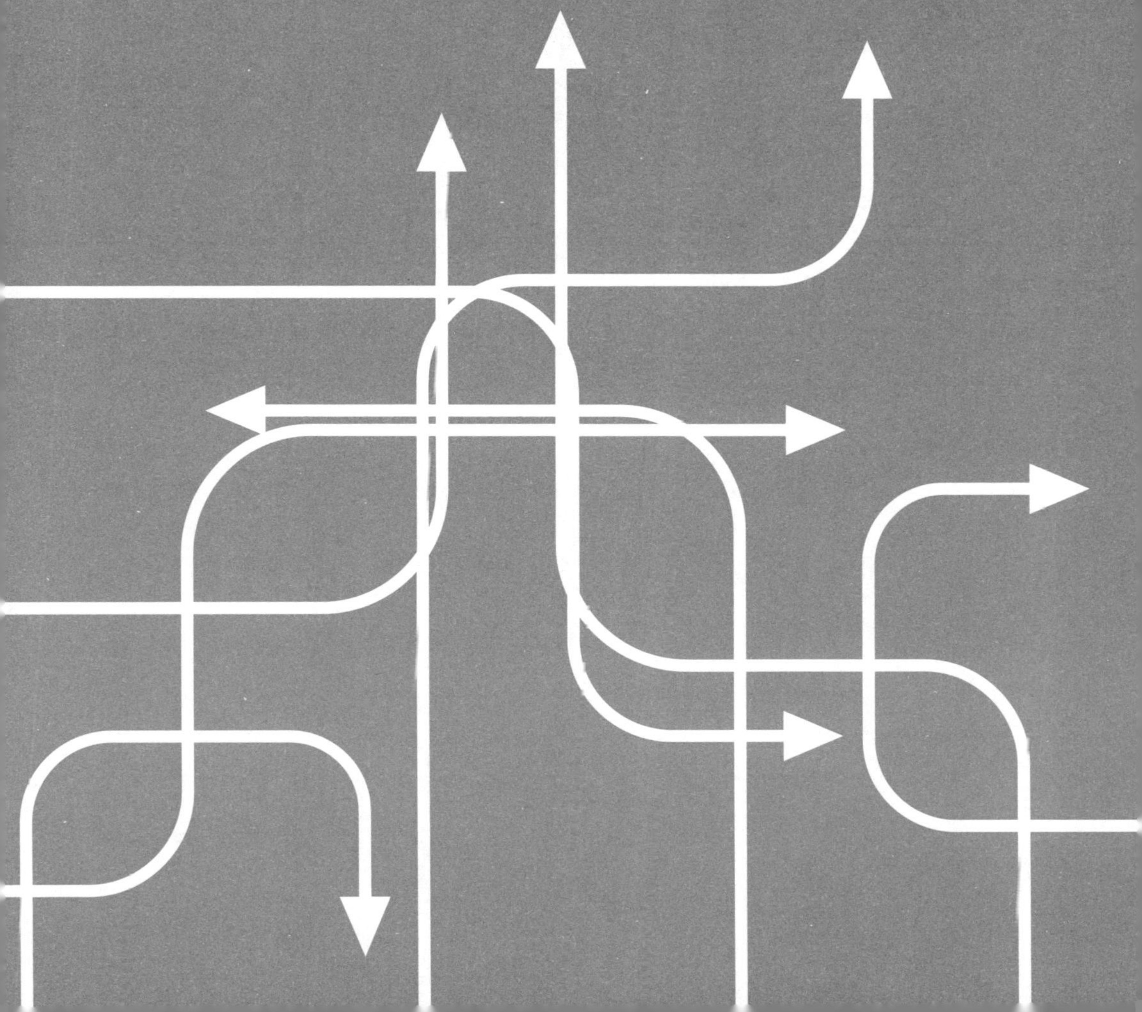

TRILHA DA
PARTICIPAÇÃO
SOCIAL

#7

PARTICIPAR DO ORÇAMENTO PARTICIPATIVO

Você sabia que é possível debater e influenciar as decisões orçamentárias de uma cidade? Imagine que, em conjunto com outros cidadãos, vocês podem definir como prioridade para uma determinada região a instalação de um posto de saúde ou de uma creche, por exemplo. Este é o propósito do **orçamento participativo (OP)**, um espaço de participação social que permite aos cidadãos influenciar diretamente as decisões sobre a alocação de recursos públicos. No âmbito municipal, esse processo envolve a participação ativa da população na definição das prioridades de investimento e gastos do governo local.

Embora existam alguns formatos mais tradicionais de realização desses encontros, não há uma regra específica sobre como devem ser conduzidos. Cada município cria uma lei de orçamento participativo com uma metodologia específica. Em geral, são realizadas reuniões ou assembleias abertas nas quais os cidadãos têm a oportunidade de apresentar propostas, discutir necessidades específicas de suas comunidades e votar naquilo que consideram prioritário. Esse processo é, por natureza, didático, pois propicia uma compreensão mais profunda sobre as limitações orçamentárias e fomenta o diálogo entre os participantes, que discutem juntos as prioridades para suas regiões. Em algumas cidades, são eleitos "delegados" ou "conselheiros" que podem representar localidades ou temáticas específicas. Assim, várias reuniões são realizadas pelos diferentes territórios da cidade, com a presença dos delegados eleitos e representantes do Poder Público. Veja a seguir as principais etapas do OP. Ainda que não sejam uma regra, a figura 3 nos ajudará a compreender melhor o processo.

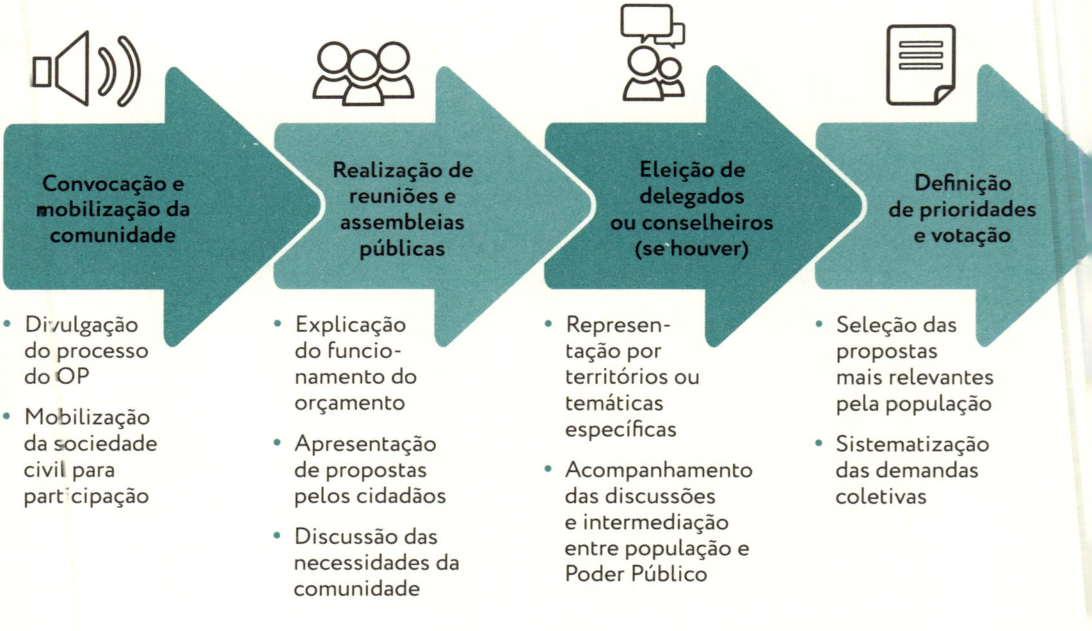

Figura 3 – Principais etapas do orçamento participativo

Na prática, os cidadãos podem propor, por exemplo, a instalação de novos terminais de ônibus, melhorias na iluminação pública, a implementação de unidades básicas de saúde em bairros, a aquisição de academias para a terceira idade em praças, e o que mais considerarem necessário para o município.

O dever do Poder Público é se aproximar da sociedade civil e compor um orçamento que seja o mais próximo possível das realidades locais. Assim que as proposições são coletadas, a Prefeitura as utiliza como subsídios para a elaboração de seu orçamento. A Câmara dos Vereadores também deve receber as propostas advindas do OP para avaliar o orçamento proposto pela Prefeitura.

E de que forma podemos aproveitar ao máximo esse espaço de participação tão importante? Tente mobilizar as pessoas na sua região ou comunidade para que participem ativamente das etapas do OP, expondo suas necessidades e demandas específicas. É possível também ser um delegado ou conselheiro do OP, participando de vários encontros em diferentes regiões de seu município. Mesmo após sua participação, não deixe de acompanhar o que de fato ingressou no orçamento público da cidade e sua posterior implementação. Não se preocupe, nas próximas trilhas você verá como monitorar e acompanhar as ações governamentais em seu município.

É fundamental que a sociedade seja informada do que está previsto ou não no orçamento, bem como as justificativas das decisões tomadas. Por exemplo, podem surgir demandas impossíveis de serem realizadas por falta de recursos públicos, como a construção de um novo hospital. Outras demandas que não necessariamente refletem uma necessidade coletiva também devem ser descartadas. Por isso, é imprescindível que o Poder Público retorne à sociedade para revelar o quanto das propostas cidadãs constarão no orçamento futuro.

Caso não exista um OP em sua cidade, uma opção é se organizar com um grupo de interessados e ir à Câmara dos Vereadores ou à Prefeitura para propor a sua criação. Mais à frente neste livro, na trilha das propostas cidadãs, você encontrará a estratégia "Propor um projeto de lei", que lhe poderá ser útil caso essa ação seja necessária.

TRILHA DA
PARTICIPAÇÃO
SOCIAL

#8

PARTICIPAR DE CONFERÊNCIAS TEMÁTICAS DE POLÍTICAS PÚBLICAS

Imagine uma Conferência de Políticas Públicas para Mulheres ocorrendo em sua cidade, na qual diversos representantes da sociedade civil e da gestão pública debatem os principais desafios relacionados ao tema e propõem soluções. Sugestões como a implantação de uma Delegacia da Mulher (DDM), o oferecimento de um curso sobre feminismo na rede municipal de educação, a ampliação da rede de creches públicas, ações de empregabilidade e empreendedorismo focadas no público feminino e medidas para prevenção, punição e erradicação de violência contra a mulher podem ser discutidas. Propostas mais abrangentes, como a criação de uma Secretaria Municipal de Mulheres e o aperfeiçoamento da legislação de equiparação salarial entre mulheres e homens, também podem ser consideradas.

Este é o papel das chamadas **conferências temáticas** ou **conferências de políticas públicas**, promovidas pelo Poder Público em parceria com a sociedade civil. O objetivo delas é garantir a participação popular na definição de políticas públicas a fim de fortalecer a democracia participativa e a cidadania. Esses encontros reúnem cidadãos e gestores públicos para dialogar e propor melhorias em diversas áreas, como direitos humanos, saúde, educação, segurança, meio ambiente, cultura, entre outras.

As conferências municipais, geralmente ligadas às estaduais e nacionais, são uma das etapas de um processo de participação social na construção de políticas públicas. Os encontros municipais discutem e elaboram propostas para atender às demandas locais. Em seguida, as conferências estaduais aprimoram essas propostas, considerando as demandas regionais. Por fim, a conferência nacional consolida as ideias em um documento válido em âmbito federal. Delegados são eleitos democraticamente para acompanhar todo o processo.

Organizadas por representantes da sociedade civil e do Poder Público, as conferências aprovam as propostas e as consolidam em um documento final que orientará a implementação da política pública. É preciso estar atento ao calendário municipal, pois essas conferências costumam ocorrer a cada dois anos. Resultados práticos desses encontros incluem a criação do Sistema Único de Saúde (SUS), do Plano Nacional de Educação (PNE), do Fundo Nacional de Meio Ambiente (FNMA), do Sistema Nacional de Cultura (SNC), entre outros. Além disso, esses espaços têm contribuído para a mobilização social e conscientização política, levando a recomendações de políticas públicas que, em alguns casos, podem entrar na agenda e no orçamento público e se tornar realidade. Veja no quadro a seguir alguns exemplos de propostas para conferências de políticas públicas, conforme o tema abordado.

Quadro 2 – Exemplos de propostas para conferências de políticas públicas

Conferência de políticas públicas (tema)	Exemplo de proposta
Políticas públicas para mulheres	Criação de uma Delegacia da Mulher (DDM), oferecimento de cursos sobre feminismo na rede municipal de educação.
Educação	Discussão e elaboração de propostas para atender a demandas locais na área de educação, como melhorar a oferta de cursos profissionalizantes ou aumentar recursos para o ensino fundamental.
Saúde	Propostas para a melhoria dos serviços de saúde pública, como a contratação de mais médicos para postos de atendimento e unidades básicas de saúde.
Meio ambiente	Implementação de políticas de preservação de áreas verdes, ou a criação de projetos de arborização e iniciativas de educação ambiental.
Assistência social	Propostas para a melhoria dos serviços e programas de assistência social, como a criação de programas de apoio a famílias de baixa renda.
Segurança pública	Debate sobre soluções para a redução da violência, ou a criação de programas de policiamento comunitário.
Direitos humanos	Discussão e elaboração de medidas de combate ao racismo e à discriminação à população LGBTQIAPN+.
Cultura	Elaboração de propostas de fomento da cultura local ou de apoio a projetos culturais e eventos artísticos.
Segurança alimentar e nutrição	Criação de propostas para promover o acesso a alimentos saudáveis e de qualidade para toda a população, como a ampliação de restaurantes populares e bancos de alimentos.
Planejamento e desenvolvimento urbano	Discussão sobre problemas como mobilidade e habitação e apresentação de soluções, como o aperfeiçoamento da legislação de uso e ocupação do solo, expansão de ciclovias, etc.

Embora nem sempre seja garantida a inclusão no orçamento público das propostas aprovadas nas conferências, devido a limitações financeiras, é importante que o governo demonstre transparência à população, esforçando-se para incorporar o máximo possível das recomendações aprovadas nas decisões orçamentárias. Esse comprometimento é fundamental para manter a integridade do processo participativo, mesmo diante de desafios financeiros.

Lembre-se: o processo de construção coletiva em uma conferência é enriquecedor e contribui para levar propostas municipais a âmbito nacional, além de desenvolver cidadãos mais conscientes do processo de participação social e de elaboração de políticas públicas. Finalizamos aqui mais uma trilha. Pronto para mais uma caminhada?

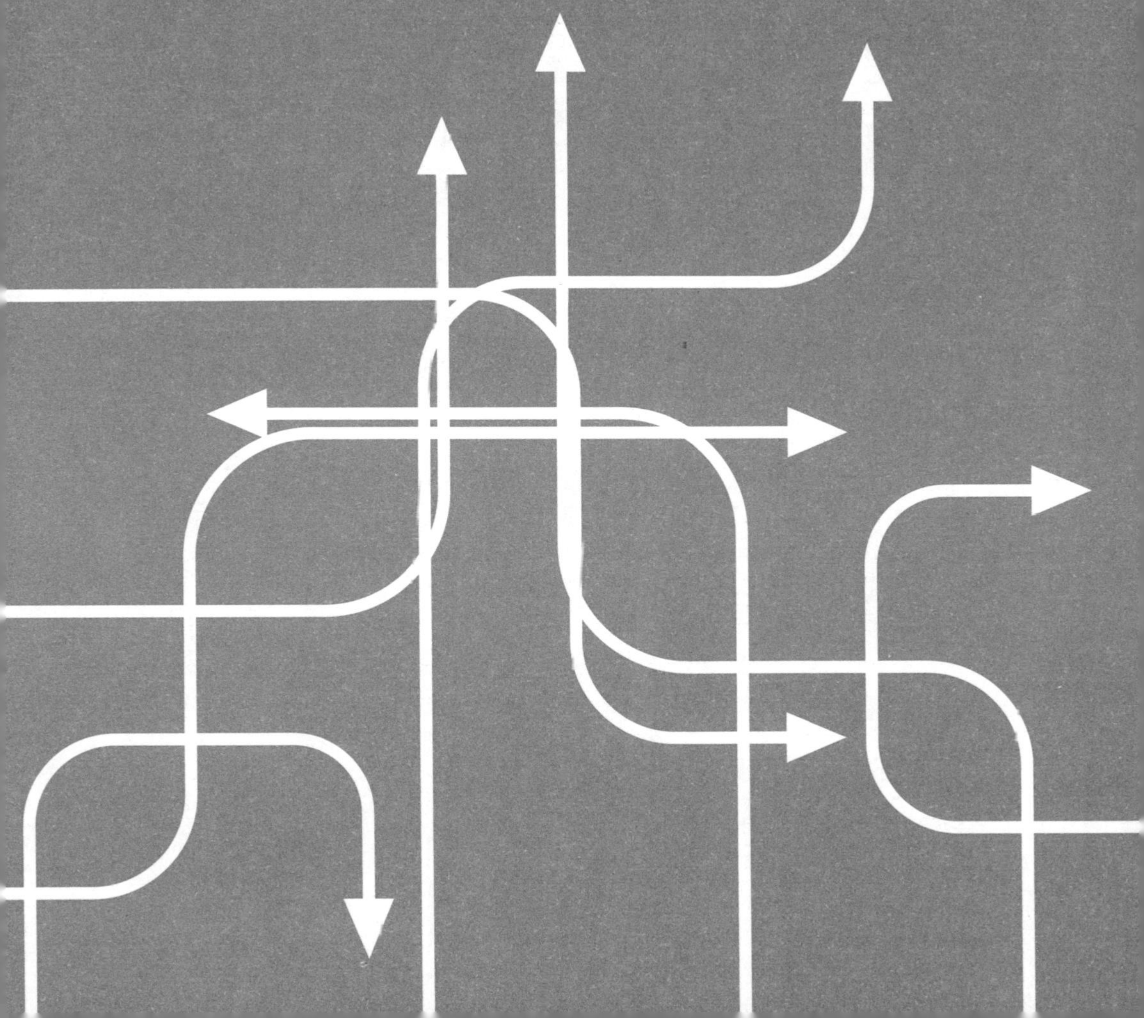

TRILHA DAS PROPOSTAS CIDADÃS

Na terceira trilha, a das propostas cidadãs, iniciaremos uma jornada em que a autonomia dos cidadãos se destaca como peça-chave. Aqui, exploraremos estratégias que possibilitam a cada indivíduo contribuir com propostas complexas e abrangentes direcionadas ao Poder Público.

Diferentemente da trilha da participação social, na qual observamos a necessidade de espaços institucionais para o exercício da cidadania, normalmente regidos por leis e ritos próprios de funcionamento, nesta trilha, a independência se destaca. Aqui, a capacidade dos cidadãos de debater anseios e necessidades sociais, bem como de construir propostas e recomendações endereçadas ao Poder Público, é enfatizada, sem precisar recorrer a espaços institucionais de participação social.

 # As estratégias da trilha da participação cidadã envolvem mobilizações planejadas e bem estruturadas, nas quais os cidadãos, de forma independente, propõem soluções para o desenvolvimento de sua comunidade e município.

Muitas vezes, os espaços de cocriação são organizados pelos próprios cidadãos, portanto, nesta trilha, vamos nos aventurar na elaboração e apresentação de propostas de políticas públicas. Em nosso caminho, encontraremos estratégias como a organização de eventos de cidadania, a solicitação de compromissos de candidatos a cargos públicos e a proposição de projetos de lei e demais sugestões legislativas.

Que questões ou desafios de sua comunidade você acredita que poderiam ser abordados por meio de propostas cidadãs? Prepare-se para uma jornada que destaca a força do cidadão como agente proativo de transformação.

TRILHA DAS
PROPOSTAS
CIDADÃS

#9

SOLICITAR COMPROMISSOS PÚBLICOS DE CANDIDATOS A PREFEITO E VEREADORES

É comum, em períodos eleitorais, que candidatos aos cargos de vereador e prefeito façam promessas de campanha afirmando que vão realizar, propor e fiscalizar um conjunto de demandas do município. Seria então possível, por meio da participação social, estimular os candidatos a assumir um compromisso com a implementação de ações específicas voltadas para a melhoria da cidade?

Com certeza! Saiba que grupos cidadãos de diferentes cidades brasileiras têm se organizado para elaborar **cartas-compromisso**, que são entregues e assinadas pelos candidatos antes das eleições municipais. Por exemplo, uma associação de moradores pode apresentar um conjunto de ações com melhorias para o bairro e solicitar formalmente aos candidatos o comprimento da proposta.

Em geral, essas cartas funcionam assim: grupos e organizações cidadãs tomam a iniciativa de criar uma carta-compromisso. Na carta, podem ser incluídas solicitações variadas, abrangendo desde questões relacionadas à melhoria de serviços públicos até a implementação de políticas voltadas para áreas específicas. Os cidadãos podem promover encontros com os candidatos, apresentar a carta-compromisso e convidá-los a assiná-la publicamente, demonstrando à comunidade que um compromisso foi firmado.

Outro tipo de solicitação que a carta pode apresentar é que os candidatos assumam o compromisso de promover espaços institucionais de participação social, como os que vimos na trilha anterior, por exemplo, audiências públicas, orçamento participativo e conferências de políticas públicas, além de canais de comunicação mais efetivos. Ou, então, um compromisso ainda mais específico, como seguir as agendas nacional e estadual das conferências de políticas públicas, com a obrigação de realizá-las também em âmbito municipal.

A figura 4 apresenta resumidamente as etapas de como mobilizar candidatos a assumir compromissos públicos.

Figura 4 – Elaboração de cartas-compromisso

Veja no box a seguir uma iniciativa que lança mão das cartas-compromisso.

PROGRAMA CIDADES SUSTENTÁVEIS

O Programa Cidades Sustentáveis, do Instituto Cidades Sustentáveis, tem adotado esse tipo de estratégia em diferentes cidades brasileiras e pode ser uma fonte de inspiração para você e seu grupo. A iniciativa, que existe desde 2007, tem por objetivo comprometer candidaturas e partidos políticos com o desenvolvimento sustentável. Como contrapartida, o programa oferece à gestão municipal eleita uma plataforma de sustentabilidade, que reúne metodologias, ferramentas e recursos de suporte para o planejamento urbano integrado e a administração municipal.

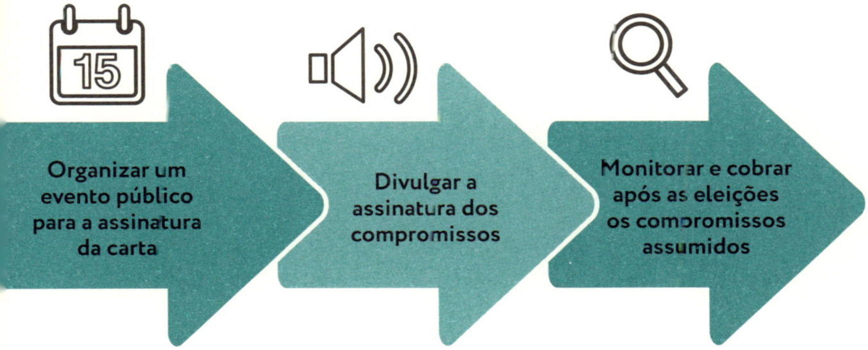

Agora que você já compreendeu como essa estratégia cidadã funciona, veja algumas dicas importantes para que a sua iniciativa tenha sucesso.

A primeira é: quanto mais pessoas se engajarem e assinarem a carta, maiores serão a legitimidade do documento e a chance de chamar a atenção da população e, consequentemente, dos candidatos. Por isso, a carta-compromisso deverá ser assinada previamente por diversas pessoas e organizações, pois um número maior de assinaturas tende a reforçar a dimensão e a relevância das demandas. Embora a quantidade de assinaturas não seja um fator imprescindível para mensurar a urgência de uma questão social, é interessante reunir o máximo de pessoas ou organizações para compor o documento.

Outra dica é que, quanto mais informações e dados você especificar na carta, mais respaldo ela terá: reunir dados, notícias, depoimentos e indicadores ajuda a dar mais credibilidade às demandas, especialmente para quem conhece pouco ou nada da situação enfrentada.

Outro ponto para o sucesso da iniciativa é conseguir o maior número possível de candidatos para a assinatura da carta. Neste momento, o importante é que diferentes partidos e candidatos a assinem, independentemente de preferências políticas. Se as demandas solicitadas são de fato essenciais para um coletivo, a entrega do documento é por si só um ato político e pedagógico, que revela a importância do que está em pauta. Considere ainda a possibilidade de elaborar cartas diferentes: uma para candidatos a prefeito, outra para vereadores e uma específica para a assinatura dos próprios partidos políticos. Isso amplia as responsabilidades sobre as demandas colocadas pela população.

Por fim, tente garantir uma comunicação ampla e eficiente. É também importante que o documento seja público e disponível para quem quiser acessá-lo, sem contar que transparência é fundamental para dar credibilidade às solicitações. Além disso, o momento da entrega do documento pode ser marcado pela assinatura pública dos candidatos. Faça disso algo grandioso para a cidade. Escolha locais de fácil acesso e conhecidos pela população para a realização do evento; convoque a imprensa e garanta uma boa divulgação da ação pela cidade. Crie parcerias para que eventuais custos sejam voluntariamente divididos.

Essa estratégia faz sentido para você? Lembre-se sempre de que, ao solicitar compromissos públicos, os cidadãos fortalecem a conexão entre a gestão pública e a comunidade, estabelecendo uma base para uma administração pública mais participativa e responsável.

TRILHA DAS
PROPOSTAS
CIDADÃS

#10

ORGANIZAR EVENTOS PARA A COCRIAÇÃO DE SOLUÇÕES PÚBLICAS

Outra estratégia que fortalece o exercício da cidadania consiste na organização de eventos que fomentem discussões aprofundadas e a construção coletiva de propostas para ações governamentais e políticas públicas. Vamos explorar, neste tópico, algumas opções de eventos que podem se tornar verdadeiros impulsionadores de transformações locais.

Primeiramente, destacam-se os **fóruns temáticos** ou **fóruns de políticas públicas**, que podem ser eventos periódicos ou únicos, promovidos por grupos da sociedade civil ou órgãos públicos com o intuito de estimular debates de interesse coletivo. Em geral, esses encontros reúnem especialistas, líderes comunitários, cidadãos, organizações da sociedade civil e representantes de órgãos públicos para apresentar perspectivas, discutir desafios e colaborar para a criação de soluções. As proposições geradas nesses eventos são posteriormente apresentadas ao Poder Público de maneira formalizada.

No âmbito municipal, os fóruns têm contribuído para diálogos sobre diversos assuntos de interesse coletivo, como temas relativos à proposição de uma nova política municipal de habitação ou de uma parceria público-privada relacionada à coleta de lixo, ou ainda ações para promoção de atividades culturais, por exemplo.

É importante ressaltar que os fóruns geralmente não possuem caráter obrigatório ou legal, tampouco geram decisões deliberativas. Em sua maioria, são eventos voluntários e propositivos, que buscam colocar em debate pautas específicas de forma estruturada para a construção de soluções coletivas.

Contudo, existem exceções, como o Fórum Nacional de Educação, que pode estar vinculado a fóruns municipais sobre o mesmo tema. Esses espaços são permanentes e destinam-se à formulação e ao acompanhamento das políticas educacionais. Dessa forma, o papel de um Fórum Municipal de Educação é debater, propor e acompanhar as políticas públicas no contexto do Plano Nacional de Educação (PNE), além de coordenar as conferências municipais de educação.

Há diversas outras modalidades de eventos para a discussão e proposição de melhorias públicas em uma cidade. Já pensou em organizar um concurso de ideias para o município? Nesse tipo de evento, os participantes apresentam propostas inovadoras relacionadas a desafios específicos visando desenvolver e reconhecer soluções colaborativas para problemas municipais. Um painel de jurados avalia e premia as ideias mais impactantes. Ao final, as ideias vencedoras são divulgadas pela mídia e oficialmente apresentadas ao Poder Público.

Outro formato de evento interessante está relacionado ao período das eleições. Imagine a realização de **debates eleitorais**, com o propósito de convidar candidatos aos cargos públicos para apresentar suas propostas e responder perguntas da comunidade. Além disso, este pode ser um espaço para os cidadãos apresentarem suas demandas e soluções, de modo que o evento registre e formalize tais problemas e recomendações. Esses eventos sistematizam os anseios do grupo participante, além de também proporcionar uma visão clara das prioridades e compromissos dos candidatos.

Perceba como há muitas formas de criar espaços que invoquem a inteligência coletiva em favor da construção conjunta de soluções para uma cidade. Considere, por exemplo, a realização de mesas redondas sobre desenvolvimento sustentável; de workshops participativos para a formulação de propostas para a mobilidade urbana; de cafés-cidadãos em áreas públicas para debater ações preventivas na área da saúde; de um teatro-fórum, uma técnica de participação ativa do público baseada no processo teatral, para debater e propor ações de formação cultural, entre outras. Portanto, solte as rédeas da sua imaginação e invente outras possibilidades criativas para fomentar essa jornada cidadã.

Vale destacar que é fundamental elaborar registros, escritos ou visuais, de tudo que foi discutido e apresentado nesses eventos. Sistematizar e documentar as principais ideias e recomendações e entregá-las formalmente às devidas autoridades públicas é algo de muita importância, pois também representa uma forma de acompanhar seus desdobramentos tanto pelo Poder Público como pela população, que poderá cobrar e fiscalizar quando necessário.

Aproveito para comentar sobre a participação ou organização de espaços que visem à apresentação de indicadores, diagnósticos, análises, estudos e pesquisas de interesse público em sua cidade. A combinação entre eventos participativos dos quais falamos e estudos aprofundados sobre aspectos de seu município forma uma poderosa sinergia para a construção de propostas e recomendações fundamentadas cujo fim é o aprimoramento das políticas públicas locais. Uma ferramenta interessante que pode surgir dessa união são os denominados ***policy briefs***, ou **documentos de recomendação de políticas públicas**, os quais costumam resumir informações relevantes sobre uma questão específica relacionada a uma política pública. Geralmente, são projetados para fornecer aos tomadores de decisão, legisladores e outras partes interessadas informações e recomendações claras para influenciar a formulação de políticas. Esses documentos são muitas vezes utilizados em ambientes governamentais, por organizações da sociedade civil e instituições de pesquisa. Dessa forma, fortalece-se não apenas o engajamento da comunidade, mas também a qualidade e a eficácia das ações voltadas para o bem comum. A figura 5 ilustra uma possível jornada para a realização de espaços para a cocriação de soluções públicas.

Figura 5 – Elaboração de eventos para a cocriação de soluções públicas

Quantas possibilidades, não é mesmo?

Uma última dica: não deixe de consultar o capítulo "Princípios para o exercício da cidadania". Nele você perceberá o quanto as diretrizes sobre inclusão, representatividade, diálogo, facilitação de grupos, entre outras, são essenciais para a construção de eventos verdadeiramente democráticos.

Nossas vozes, ideias e ações são fundamentais para a construção de agendas conjuntas e efetivas em prol de cidades mais participativas e inclusivas.

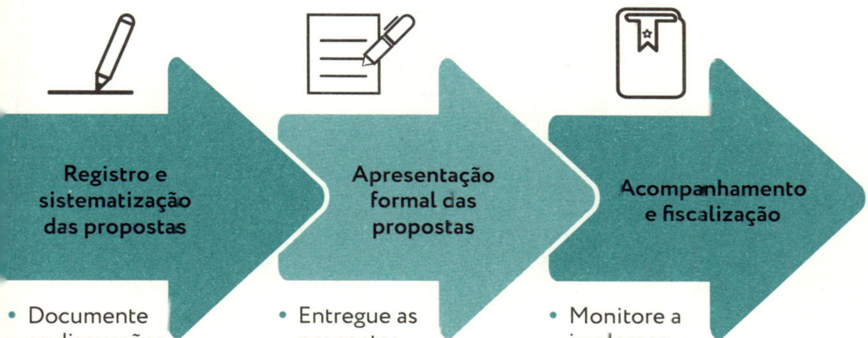

Registro e sistematização das propostas

- Documente as discussões e as propostas geradas durante o evento
- Organize e resuma as principais ideias e recomendações

Apresentação formal das propostas

- Entregue as propostas aos órgãos competentes (Prefeitura, Câmara dos Vereadores)
- Considere a divulgação dos resultados na imprensa e para a comunidade

Acompanhamento e fiscalização

- Monitore a implementação das propostas e ações
- Avalie o impacto das iniciativas na comunidade

TRILHA DAS
PROPOSTAS
CIDADÃS

#11

PROPOR UM PROJETO DE LEI

Um grupo de cidadãos poderia propor um projeto de lei sobre agricultura e desenvolvimento rural? Ou influenciar uma política pública sobre a distribuição de água no município? Não seriam os vereadores os responsáveis por essas proposições?

Sabia que isso é totalmente possível, que os cidadãos podem, sim, propor projetos de lei? Essa modalidade se chama **lei de iniciativa popular**, e inclusive está descrita na Constituição Federal.

Um cidadão pode apresentar uma sugestão de projeto de lei de iniciativa popular, o qual deve ser subscrito por um número mínimo de eleitores. Em âmbito nacional, é preciso haver a assinatura de 1% dos eleitores, distribuídos por pelo menos cinco estados da Federação. Em esfera estadual, é preciso contar, no mínimo, com três décimos dos eleitores. Mas, no caso dos municípios, é preciso que o projeto seja assinado por 5% do eleitorado.

Por exemplo: suponha que um grupo de cidadãos, engajados em uma organização da sociedade civil, deseje criar uma lei que proíba fogos de artifício com ruído em seu município. Eles podem recorrer a um projeto de lei de iniciativa popular, elaborar um documento com embasamento técnico e dispô-lo para a assinatura de outros cidadãos. Se o município tiver 100 mil eleitores, por exemplo, deverão ser coletadas 5 mil assinaturas para dar prosseguimento ao projeto na Câmara dos Vereadores.

O exemplo mais conhecido que temos no Brasil de uma lei de iniciativa popular, em âmbito federal, é a chamada Lei da Ficha Limpa (Lei Complementar nº 135, de 4 de junho de 2010), proposta e organizada por um movimento de combate à corrupção eleitoral.

O que vimos até aqui configura o processo formal de proposição de uma lei de iniciativa popular, assegurado por nossa Constituição. No entanto, é também possível realizar **sugestões legislativas** a representantes e comissões do Poder Legislativo de maneira direta. Na prática, costuma funcionar assim: entidades da sociedade civil apresentam formalmente uma proposta de lei à Câmara dos Vereadores (em geral, não podem ser feitas por um único cidadão). Cada município possui um rito diferente, mas, por via de regra, é necessário fazer um cadastro e enviar a proposta redigida à Câmara dos Vereadores. Em seguida, são realizados alguns trâmites internos de avaliação prévia sobre a sugestão legislativa recebida. Se o resultado for positivo, a sugestão deverá tramitar como uma proposição de alguma comissão legislativa, seguindo para discussão e votação na Câmara dos Vereadores. Outra possibilidade é a de um vereador simplesmente "adotar" a ideia, de modo que o projeto de lei tramite usualmente, como se fosse de sua autoria.

Certo, mas um cidadão sozinho também pode fazer uma sugestão legislativa? Pode sim, claro. Nesse caso, ele deverá procurar diretamente um vereador que possa avançar a sugestão. Se a resposta for positiva, um projeto de lei específico deverá ser criado e proposto à Câmara para apreciação. Mas lembre-se: quanto mais pessoas envolvidas, refletindo os anseios ou necessidades coletivas de parte da população, melhor.

Independentemente de a sugestão legislativa ter sido proposta por um único cidadão ou por uma entidade da sociedade civil, podem ser apresentados projetos de lei, emendas ao orçamento público, sugestões de realização de audiência pública, recomendações de fiscalização de ações do Poder Executivo, entre outros.

Uma dica: embora existam muitos desafios e barreiras políticas, não subestime o poder da participação cidadã para influenciar a elaboração de leis no Brasil. Seja através de um projeto de lei de iniciativa popular ou de sugestões legislativas, ao compreender e empregar essas estratégias, reforçamos a importância do engajamento ativo na construção de uma sociedade verdadeiramente democrática e representativa.

Assim, chegamos ao fim da trilha das propostas cidadãs. Nossa próxima jornada será trilhada pela fiscalização municipal. Prepare seu lado investigativo e vamos em frente!

TRILHA DA FISCALIZAÇÃO E CONTROLE SOCIAL

Vamos caminhar pela quarta trilha e explorar juntos o universo da fiscalização e do controle social? Nesta jornada, a ênfase recai sobre a capacidade dos cidadãos de monitorar e fiscalizar as ações do Poder Público. Aqui, você vai compreender e também aprender a aplicar o controle social: a participação direta da sociedade na fiscalização, no monitoramento e na avaliação das ações de governo, de modo a garantir uma gestão eficiente.

 # O controle social é fundamental para corrigir potenciais erros da administração pública, prevenir a corrupção, garantir a boa governança e promover políticas públicas que reflitam verdadeiramente as necessidades da população.

Ao monitorar ativamente as ações do Poder Público, os cidadãos não apenas garantem a correta aplicação dos recursos, mas também se tornam agentes de mudança, apoiando a construção de um governo mais transparente e responsável, que responde às reais necessidades da população.

Nesta trilha, vamos desvendar como funcionam as ouvidorias públicas, entender o papel dos grupos de acompanhamento da Câmara de Vereadores, descobrir iniciativas de fiscalização dos recursos públicos e aprender a acionar o Ministério Público para a salvaguarda de direitos fundamentais.

Prepare-se para uma jornada cujo foco será sua atuação de forma ativa e fiscalizadora. Aqui você encontrará os recursos principais para a construção de uma sociedade mais transparente e participativa. Cada estratégia desta trilha é uma ferramenta importante na busca pelo fortalecimento do controle social e de uma gestão pública mais eficaz. Vamos começar essa transformação?

TRILHA DA
FISCALIZAÇÃO
E CONTROLE
SOCIAL

#12

UTILIZAR A OUVIDORIA PÚBLICA

Estamos iniciando uma nova trilha, e você já deve ter percebido que qualquer cidadão pode e deve procurar o Poder Público sempre que achar necessário. Você já teve vontade ou já procurou um órgão municipal para fazer uma sugestão, reclamação ou solicitação de um serviço público? Pois é sobre isso que vamos conversar agora: o papel das **ouvidorias públicas municipais**.

Em geral, tanto as Prefeituras quanto as Câmaras dos Vereadores oferecem o serviço de ouvidoria pública, isto é, um canal de contato direto com o cidadão, o qual pode ser um número de telefone específico ou um balcão de atendimento público.

O objetivo das ouvidorias é receber denúncias, solicitações, reclamações, sugestões e elogios referentes a ações governamentais, políticas municipais e serviços públicos prestados. Cabe à gestão pública dar os encaminhamentos necessários e gerir os aprendizados para a melhoria contínua dos serviços oferecidos à população.

A própria Constituição Federal prevê a participação dos cidadãos na avaliação dos serviços públicos em geral. Mais recentemente, em 2017, foi instaurada em âmbito federal a Lei de Defesa do Usuário do Serviço Público (Lei nº 13.460, de 26 de junho de 2017), que traz as principais atribuições de uma ouvidoria pública. Cabe aos municípios regulamentarem essa lei em âmbito local.

Na prática, funciona assim: imagine que você e seus vizinhos enfrentam dificuldades recorrentes com relação ao transporte coletivo em seu bairro, incluindo a falta de abrigos adequados nos pontos de ônibus e horários irregulares de circulação dos veículos. Ao recorrer à ouvidoria, é possível registrar as suas queixas sobre a situação dando detalhes como localização, horários, números das linhas dos ônibus, etc.

Na sequência, o que deverá acontecer? A ouvidoria deverá encaminhar as manifestações às autoridades responsáveis pela gestão do transporte público, que deverão tratar ou apurar a demanda solicitada. A ouvidoria acompanha esse processo e atua como mediadora para garantir que as preocupações dos cidadãos sejam consideradas, proporcionando uma solução eficaz e melhorias significativas no serviço de transporte coletivo.

Muitos outros tipos de demandas costumam ser enviadas a ouvidorias públicas municipais, como denúncias de maus-tratos a animais; poda e remoção irregular de árvores; falta de sinalização de trânsito; reclamações sobre atendimento em unidades básicas de saúde; identificação de focos de criação de mosquito da dengue; presença de buracos e problemas de pavimentação; calçadas particulares irregulares, danificadas ou inexistentes, entre outros.

Mas e se não houver ouvidoria em sua cidade? Então você pode provocar a Prefeitura e a Câmara dos Vereadores a criá-la visando a uma lei ou decreto que a estabeleça. De todo modo, ainda que não haja uma ouvidoria pública, é perfeitamente possível contatar órgãos públicos de maneira direta, como as secretarias e autarquias municipais, bem como a Câmara dos Vereadores. Lembre-se de que contatar e estabelecer um diálogo com a administração pública municipal é um direito do cidadão e uma forma de exercer sua cidadania.

Por exemplo, se você precisa avisar o Poder Público sobre uma área de frequente alagamento por conta de chuvas, procure saber se não há um canal específico em seu município que cuide dessa questão. Caso não exista um, tampouco a ouvidoria, acione a secretaria responsável por esse tema, como a de meio ambiente ou de obras e infraestrutura. Isso também vale para melhorias relacionadas ao trânsito: se você se depara com um cruzamento de ruas onde sempre ocorrem acidentes, pode procurar diretamente uma secretaria de trânsito ou mobilidade de sua cidade para que solucionem o problema.

Com base nas informações oferecidas pelos cidadãos, a ouvidoria tem o papel de reconhecer oportunidades de aprimoramento, implementar alterações e destacar irregularidades em órgãos ou entidades questionadas. Por essa razão, é responsabilidade da ouvidoria gerar dados, informações e relatórios acessíveis ao público que abordem as ações realizadas.

Notou como uma participação ativa por meio das ouvidorias pode contribuir para uma gestão pública mais orientada por necessidades e anseios reais da população? Essa é mais uma forma de exercer a cidadania em prol da melhoria de nossas cidades e da qualidade de vida da população.

TRILHA DA
FISCALIZAÇÃO
E CONTROLE
SOCIAL

#13

MONTAR UM GRUPO DE ACOMPANHAMENTO DA CÂMARA DOS VEREADORES

Montar ou participar de um **grupo de acompanhamento da Câmara dos Vereadores** é uma estratégia que visa monitorar as atividades legislativas locais. Você conhece alguma experiência assim? Em vários municípios brasileiros, grupos de cidadãos se organizam voluntariamente para acompanhar sessões legislativas, ou seja, participam das sessões da Câmara dos Vereadores, de audiências públicas e demais eventos.

As ações realizadas por grupos dessa natureza podem incluir o acompanhamento das discussões e votações que ocorrem no plenário da Câmara; a análise de projetos de lei; e as fiscalizações relacionadas à atuação da Prefeitura, à elaboração do orçamento público, à presença dos políticos durante as sessões ordinárias, entre outras. Para um entendimento mais aprofundado, os grupos ainda podem recorrer a documentos públicos produzidos nessas sessões, como projetos de lei, atas e relatórios. O posicionamento dos vereadores em relação às pautas debatidas também costuma ser observado.

Há um elemento central nesse tipo de acompanhamento, que é aproximar a população do que vem sendo pensado e votado na Câmara. Na prática, podemos imaginar, por exemplo, que o grupo de acompanhamento está atento a um projeto de lei que propõe a privatização do abastecimento de água na cidade, algo que até então não havia recebido destaques nas mídias locais. Diante das preocupações com possíveis impactos, como o aumento de tarifas e a redução da qualidade do serviço, o grupo passa a comunicar massivamente aos demais moradores da cidade sobre a importância do tema. Com isso, muitas providências podem ser tomadas pelo grupo, como solicitar uma audiência pública para divulgar os esclarecimentos à população sobre o projeto de lei, criar uma petição on-line, convocar outros cidadãos para acompanhar as discussões e votações no plenário da Câmara, etc.

Nesse sentido, o grupo ultrapassa o simples ato de acompanhar e fiscalizar as atividades legislativas para mobilizar demais cidadãos a defender causas específicas e propor sugestões e recomendações de melhorias para a cidade. Perceba como essa estratégia visa estreitar a relação entre os cidadãos e o processo legislativo, aumentando a responsabilidade dos representantes eleitos e fortalecendo a participação democrática nas tomadas de decisão locais.

Uma importante referência é o trabalho realizado pelo Movimento Voto Consciente, iniciativa que atua no acompanhamento do Poder Legislativo, além de realizar avaliações dos mandatos parlamentares. A organização disponibiliza diversos materiais didáticos com a metodologia utilizada para o monitoramento e avaliação dos parlamentares.

Há ainda outra ação possível de ser realizada pelos grupos de acompanhamento: a avaliação detalhada dos mandatos parlamentares, com o objetivo de oferecer um ranking de desempenho dos vereadores. Esse processo envolve a definição de indicadores do trabalho legislativo, tais como participação em sessões e audiências públicas; apresentação e aprovação de projetos de impacto; presença em comissões de estudo; pedidos de informação realizados ao Poder Executivo, entre outros.

Quero destacar um ponto relevante: é preciso instigar uma análise crítica quando os resultados das avaliações parlamentares são apresentados apenas por meio de um ranking classificatório, que atribui notas de desempenho individuais aos vereadores. Apesar de proporcionar uma visão interessante sobre alguns aspectos do trabalho legislativo, quero chamar a atenção para o fato de que avaliações apenas quantitativas podem gerar interpretações simplistas que comprometem a compreensão real do trabalho legislativo.

Um exemplo é que, muitas vezes, um vereador não consegue aprovar um projeto de lei de impacto positivo, pois pertence a um grupo político minoritário na Câmara. O grupo majoritário, mesmo comprometido com o bem-estar da população, nem sempre oferece o apoio necessário para que seus adversários políticos obtenham aprovação para suas propostas.

Portanto, é fundamental compreender que o trabalho de um vereador é multifacetado e complexo, diretamente relacionado ao contexto político em que está inserido e ao jogo de forças da política. Outras nuances do papel do vereador estão relacionadas à construção de consensos, mediação, articulação política e diálogo com outros legisladores. Além disso, é essencial considerar tanto a quantidade quanto a qualidade das propostas e seu impacto real no município, bem como as dinâmicas legislativas entre vereadores de "oposição" e "situação" em relação ao Executivo.

Se você fizer parte de um grupo de acompanhamento da Câmara dos Vereadores, observe o comportamento dos parlamentares. Por exemplo, é importante verificar se membros do mesmo partido do Prefeito demonstram uma fiscalização menos rigorosa, aprovando os encaminhamentos do Executivo sem objeções. Em contrapartida, ainda que os vereadores da oposição tendam a ser mais combativos, avalie se suas críticas e iniciativas legislativas têm fundamentos sólidos ou se são apenas estratégias de embate político. Perceba que o equilíbrio na análise é fundamental, considerando as dinâmicas complexas da política. Em resumo, para os casos de avaliação de mandatos parlamentares, combinar métodos quantitativos e qualitativos é um ponto crucial.

Por fim, outra dica importante é esclarecer à sociedade e à Câmara dos Vereadores qual o objetivo do grupo de acompanhamento e, eventualmente, quais critérios serão monitorados. Isso demonstra responsabilidade, integridade e transparência nos processos de fiscalização e controle social. A atuação do grupo é um direito dos cidadãos e contribui para estimular a prestação de contas por parte dos legisladores e para uma esfera política mais responsiva e alinhada às necessidades da população.

Persista, pois esse é um trabalho muito importante.

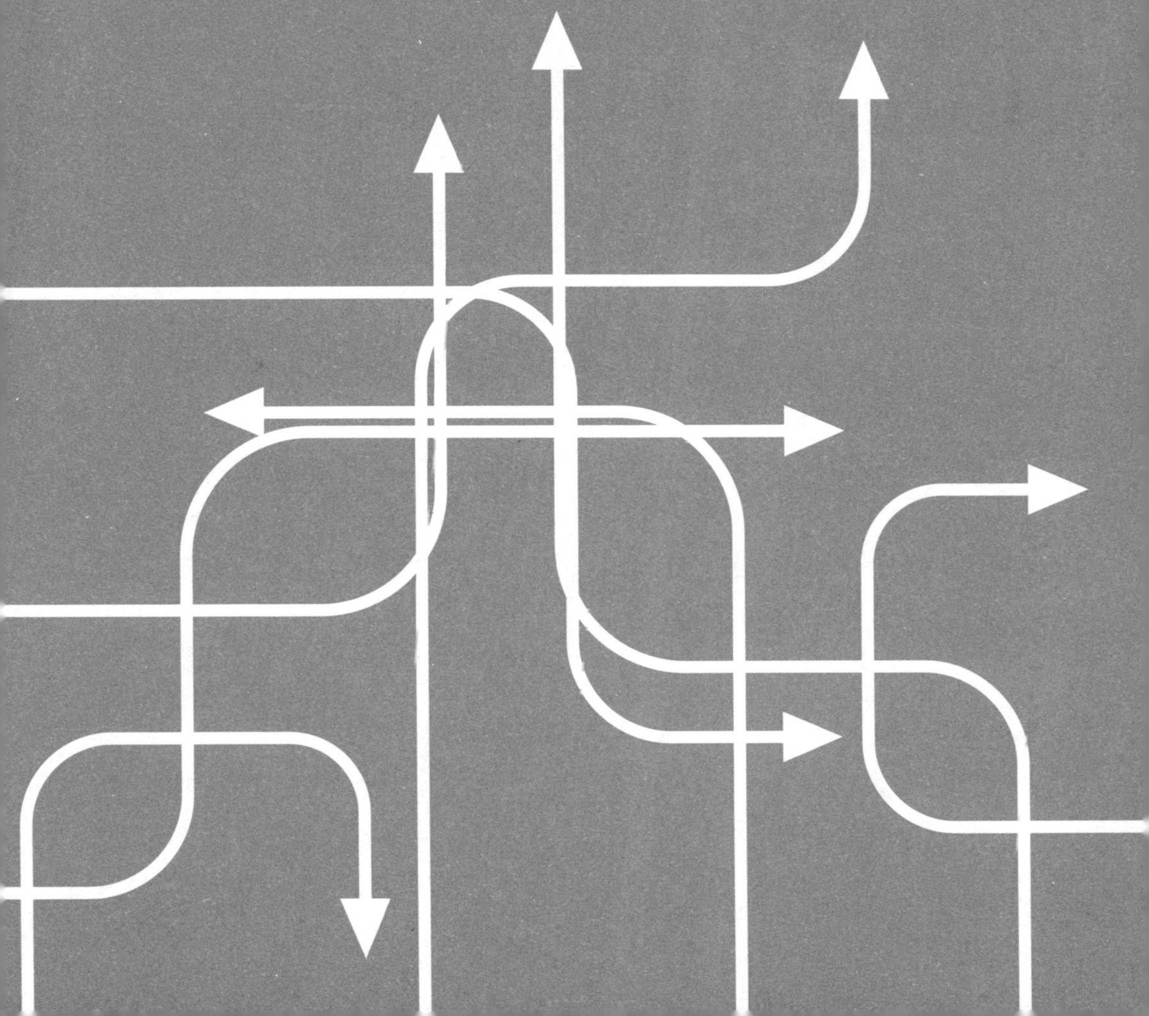

TRILHA DA
FISCALIZAÇÃO
E CONTROLE
SOCIAL

#14

ARTICULAR UMA INICIATIVA DE FISCALIZAÇÃO DOS RECURSOS PÚBLICOS

Além dos grupos de acompanhamento legislativo, existem iniciativas que se dedicam à fiscalização orçamentária e financeira de um município. São os chamados **grupos de fiscalização dos recursos públicos**, que costumam monitorar licitações, compras públicas, execução de obras e o cumprimento das metas estabelecidas pela Prefeitura. O intuito desses grupos é agir preventivamente no controle de gastos e investimentos públicos, garantindo uma gestão mais eficiente dos recursos municipais.

Uma de suas práticas mais comuns é examinar processos de licitação e aquisição de bens e serviços pela administração municipal. Ao analisar se os procedimentos estão de acordo com a legislação, buscam garantir a competitividade, avaliam se há irregularidades de sobrepreço e verificam a eficácia na aplicação dos recursos públicos. Trazendo luz a esses processos, previnem práticas indevidas e asseguram que os interesses dos cidadãos e da própria gestão pública estejam protegidos.

Já existem, inclusive, ferramentas digitais que conseguem apontar, em tempo real, irregularidades em licitações – e esse tipo de tecnologia provavelmente vai dominar o monitoramento nos próximos anos.

Para ilustrar como esses grupos funcionam, imagine a seguinte situação: ao revisar os documentos licitatórios da área da educação, um grupo de fiscalização encontrou algo fora do esperado. Em uma das licitações, que ainda não havia sido finalizada, o grupo percebeu uma discrepância na quantidade de materiais educacionais que seriam comprados para o ano letivo. Notaram que a quantidade de itens solicitados no edital era superior às adquiridas pelo município nos últimos dez anos. Já em outro edital referente à merenda escolar, ao comparar os orçamentos apresentados com os preços de mercado e os custos médios em editais anteriores, os voluntários do grupo de fiscalização identificaram uma sobrevalorização significativa. De posse dessas informações, seguiu-se o protocolo da iniciativa: quando uma irregularidade é descoberta, o primeiro passo é comunicá-la à Prefeitura, pois pode se tratar apenas de um erro descoberto pelo controle social. Caso não haja solução nessa etapa, uma notificação é encaminhada à Câmara dos Vereadores. Em última instância, se não houver resolução, recorre-se aos órgãos fiscalizadores, como o Tribunal de Contas e o Ministério Público, por exemplo.

Outro foco desses grupos é a análise dos orçamentos municipais e a fiscalização da execução de obras públicas. Nessas atividades, examinam a alocação dos recursos públicos e acompanham a qualidade e o andamento das obras públicas da cidade. O objetivo é o mesmo: assegurar que os investimentos municipais estejam alinhados com as necessidades da população e em conformidade com os princípios da administração pública.

Diversas organizações têm atuado intensivamente com essa forma de fiscalização do Poder Executivo, como a Transparência Brasil, a Contas Abertas, a Rede Amarribo e o Observatório Social do Brasil (OSB). Algumas delas se encarregam do controle social das contas públicas federais, mas contam com uma rede de organizações parceiras em centenas de cidades brasileiras, das quais participam cidadãos voluntários que apoiam a fiscalização das contas públicas municipais. Para além da fiscalização, essas iniciativas podem ter também um caráter formativo e oferecer cursos e palestras em educação fiscal e controle social, por exemplo.

Dessa forma, ao atuarem como vigilantes ativas, essas organizações promovem um ambiente de maior responsabilização no âmbito municipal. Ao acompanharem de perto a utilização dos recursos públicos, contribuem para a prevenção de erros ou irregularidades e para que a gestão pública seja orientada pelos princípios da ética e eficácia, tornando-se mais transparente, responsável e alinhada com as reais necessidades da comunidade.

Para você, faz sentido participar ativamente da fiscalização dos recursos públicos?

CONHEÇA AS INICIATIVAS MENCIONADAS NESTA ESTRATÉGIA	
	Transparência Brasil https://www.transparencia.org.br/
	Contas Abertas https://www.contasabertas.com.br/
	Rede Amarribo https://www.ifc.org.br/rede-amarribo
	Observatório Social do Brasil (OSB) https://www.osbrasil.org.br/

TRILHA DA FISCALIZAÇÃO E CONTROLE SOCIAL

#15

ACIONAR O MINISTÉRIO PÚBLICO

Você sabia que é possível acionar o **Ministério Público (MP)** sempre que houver a necessidade de proteger direitos fundamentais, resolver conflitos legais ou garantir a aplicação de uma lei? Isso mesmo! O acesso a esse importante órgão é um direito fundamental, e os cidadãos podem requisitá-lo sempre que se sentirem prejudicados ou testemunharem violações de direitos. O MP é a instituição responsável pela defesa dos cidadãos, e seu objetivo é garantir direitos coletivos (sociais e individuais), proteger a ordem jurídica, o regime democrático e fiscalizar o cumprimento da lei em causas de interesse público. É um órgão independente, isto é, não pertence ao Judiciário, tampouco ao Legislativo ou Executivo. Ele age nos âmbitos federal e estadual (incluindo o Distrito Federal) e se divide em diferentes ramos: Ministério Público Federal (MPF), Ministério Público do Estado (MPE), Ministério Público do Trabalho (MPT), Ministério Público Militar (MPM) e Ministério Público Eleitoral. Na prática municipal, o MP atua principalmente por meio do MPE – presente em quase todas as comarcas – e, nas cidades sem comarca, por promotorias regionais que atendam a várias localidades. É por meio das promotorias que qualquer cidadão pode apresentar denúncia ou representação contra irregularidades em seu município, por exemplo: estruturas precárias em escolas e postos de saúde; obras públicas com falhas; problemas no transporte coletivo; irregularidades em conselhos de direitos, entre outras.

Cada promotoria costuma ter áreas específicas (infância e juventude, meio ambiente, patrimônio público, saúde, etc.). O promotor de justiça recebe as denúncias, investiga os fatos e pode adotar medidas judiciais ou extrajudiciais para garantir os direitos coletivos da população local.

Para ilustrar a atuação do MP, bem como as situações em que nós, cidadãos, podemos solicitar o seu apoio, suponha os seguintes casos:

A) Moradores de um conjunto habitacional popular enfrentam despejo injusto devido a práticas abusivas – aumento indevido de aluguel, violação de contratos ou ameaças da construtora ou administradora – ou a falta de vagas em creches atinge níveis calamitosos em um determinado município. Nesses cenários, apresentar representação ou denúncia ao MP – à Promotoria de Habitação e Urbanismo ou à Promotoria da Infância e Juventude – pode desencadear tanto procedimentos extrajudiciais (mediações, termos de ajustamento de conduta) quanto ações judiciais (ações civis públicas) para proteger o direito à moradia e à educação e, assim, garantir a justiça social para as comunidades afetadas.

B) Uma comunidade enfrenta falta de atendimento adequado na unidade básica de saúde da região. Por meio de representação à Promotoria de Saúde, o MP pode promover ação civil pública ou firmar termo de ajustamento de conduta, exigindo melhorias nas instalações e no acesso ao atendimento a fim de assegurar o direito à saúde.

Percebe como essa atuação destaca o papel essencial do MP na promoção da equidade social e na defesa dos direitos fundamentais de nossa sociedade?

Além disso, é importante enfatizar a existência de um relevante instrumento jurídico: a **ação civil pública**, uma ferramenta jurídica que permite à sociedade civil agir, por meio do MP, para defender interesses coletivos e difusos. Vamos explorar mais um exemplo?

Suponha que uma empresa tenha sido responsável por um grave crime ambiental que afetou toda a população e o meio ambiente em uma determinada região. Os moradores do território podem se mobilizar localmente e recorrer ao MP, que deverá se valer de uma ação civil pública com o objetivo de proteger os direitos difusos e coletivos daquela região e, nesse caso, exigir as devidas indenizações e demais reparações e mitigações relacionadas ao impacto causado no meio ambiente.

Segundo a lei que regula a ação civil pública, esse instrumento possibilita a busca de soluções judiciais para questões que envolvam danos morais e patrimoniais causados ao: meio ambiente; ao consumidor; aos bens e direitos de valor artístico, estético, histórico, turístico e paisagístico; à ordem econômica; e a qualquer interesse difuso ou coletivo.

É possível também recorrer a grupos de atuação especial ligados ao MP. Para os casos em que é preciso agir pela preservação do meio ambiente, por exemplo, no estado de São Paulo, é possível acionar especificamente o Grupo de Atuação Especial de Defesa do Meio Ambiente (GAEMA). Esse grupo desempenha um papel importante na fiscalização e defesa dos recursos naturais em diversas regiões. Assim, cidadãos que enfrentam ameaças ambientais podem, de forma proativa, acionar esse órgão, o que contribui para a efetiva proteção do meio ambiente e fortalece a participação da sociedade na defesa de interesses comuns. Lembre-se de que esse tema é apenas um exemplo, pois o MP trabalha em áreas distintas, como proteção aos direitos humanos, educação, direitos do idoso, proteção ao patrimônio público, direitos da pessoa com deficiência, entre outros. A nomenclatura, a existência e o formato desses grupos variam conforme cada MP estadual. Para conferir os nomes oficiais em seu estado, consulte o site do respectivo MP.

Além disso, cada MP estadual pode ainda criar grupos específicos para temas regionais (saúde, educação, habitação, etc.). Verifique sempre a estrutura local para saber quais núcleos ou grupos de atuação estão ativos.

É possível acionar o MP por meio de **denúncias**, **representações** ou **participação em audiências públicas**, com o fornecimento de informações e contribuição ativa para a atuação desse órgão. Por isso, quando necessário, procure uma Promotoria de Justiça ou a Central de Atendimento do MP.

Interessante essa estratégia, não? Ao buscar garantir nossos direitos no MP, defendemos não apenas os interesses difusos e coletivos, mas também ajudamos a educar nossa comunidade sobre a importância da justiça ambiental, habitacional, educacional, entre outras, bem como do acesso equitativo a serviços essenciais, além de consolidar a ideia de que a justiça é um instrumento acessível para todos.

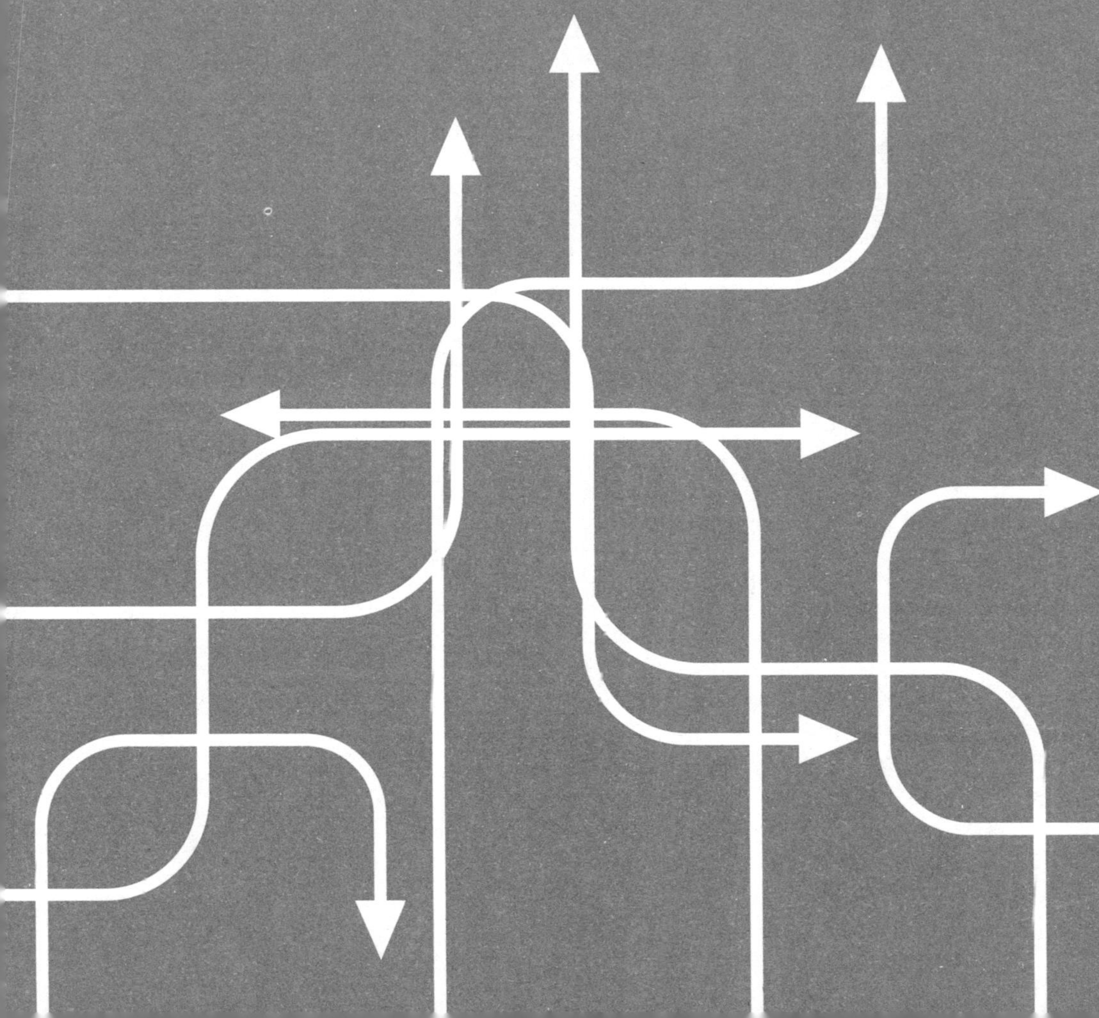

TRILHA DA TRANSPARÊNCIA PÚBLICA

Chegamos à quinta trilha, dedicada à transparência pública, um dos pilares para uma sociedade informada e engajada. Ao percorrer esta trilha, exploraremos estratégias que capacitam os cidadãos a acessar informações sobre a administração pública, promovendo a transparência e o conhecimento.

 # Democratizar o acesso à informação significa torná-la disponível, gratuita e de qualidade, a fim de possibilitar que as pessoas compreendam as informações e decisões que afetam suas próprias vidas.

Quando os cidadãos têm fácil acesso a dados e relatórios governamentais, por exemplo, eles podem se envolver mais ativamente no processo democrático propondo e monitorando ações públicas e exigindo melhorias. Isso fortalece a cidadania e assegura que a gestão pública seja mais responsável e transparente. Dessa forma, promove-se um ambiente no qual as decisões são tomadas com a participação e o conhecimento de todos.

Nesta seção, vamos compreender a importância da Lei de Acesso à Informação (LAI – Lei nº 12.527, de 18 de novembro de 2011), um marco regulatório que assegura o direito do cidadão de obter dados públicos. Ao compreender e utilizar esse instrumento, observaremos que a transparência pública pode ser ativa ou passiva: a primeira se refere à divulgação proativa de informações pelo governo, sem que seja necessária uma solicitação específica, enquanto a segunda ocorre quando as informações são fornecidas a pedido dos cidadãos.

Por isso, você aprenderá a utilizar os Portais da Transparência e o Serviço de Atendimento ao Cidadão (SIC), ferramentas essenciais para que você possa exercer seu direito de acesso à informação. Exploraremos também a importância de checar notícias e combater as *fake news*, destacando a verificação de informações como um ato necessário para a construção de um ambiente informativo confiável e responsável. Cada estratégia abordada representa um meio para promover a abertura, a transparência e a prestação de contas por parte do Poder Público. Nesta trilha, avançaremos na busca por um futuro no qual a informação seja um bem democrático e acessível a todos. Vamos em frente!

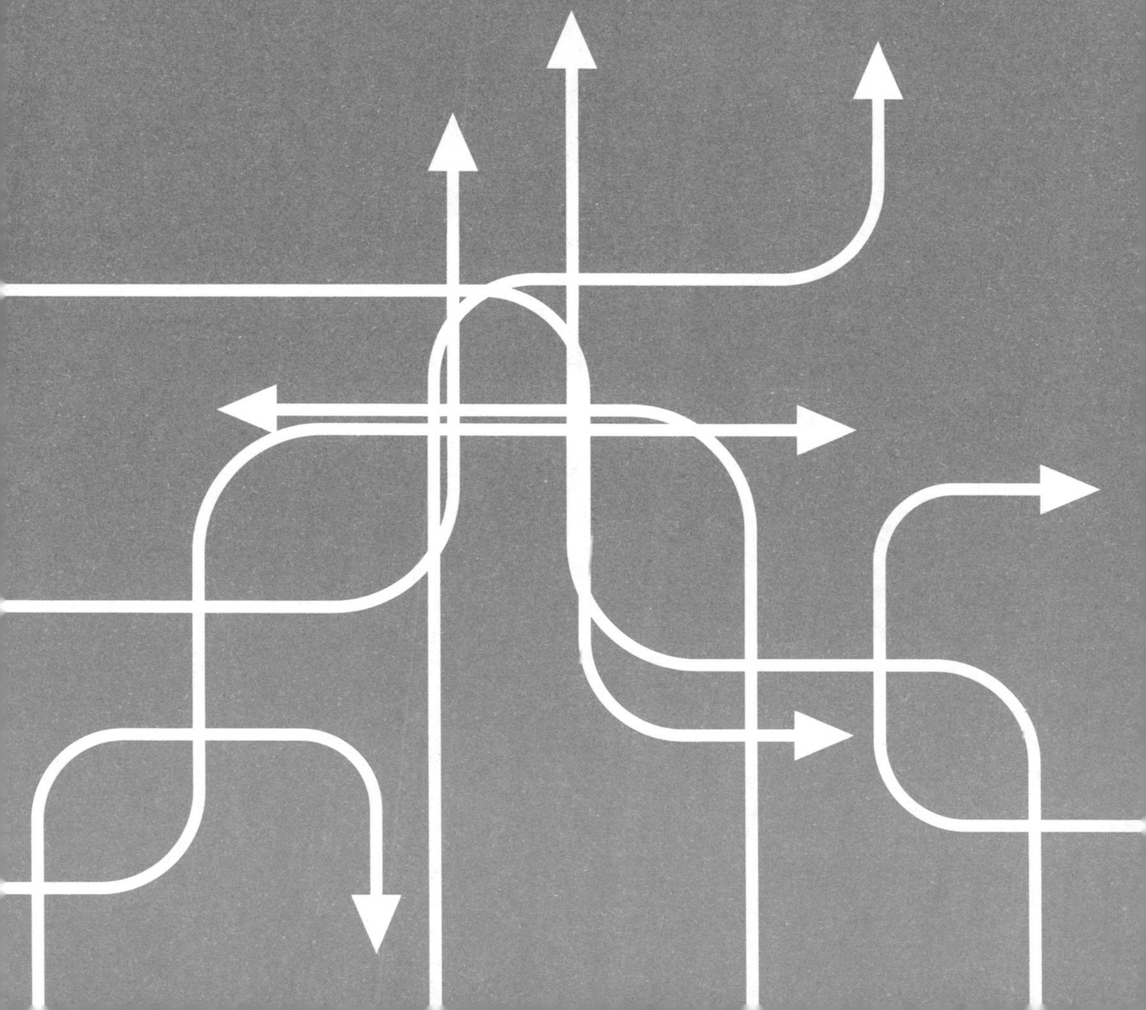

TRILHA DA
TRANSPARÊNCIA
PÚBLICA

#16

INFORMAR-SE PELOS PORTAIS DA TRANSPARÊNCIA E SOLICITAR INFORMAÇÕES PÚBLICAS

Você sabia que solicitar e obter informações dos órgãos e entidades públicas é um direito de todos os cidadãos? Tanto a Constituição Federal quanto a Lei de Acesso à Informação (LAI) asseguram essa possibilidade, e veremos como os Portais da Transparência e o Sistema de Informação ao Cidadão (SIC) podem ser muito úteis nessa jornada de cidadania ativa.

Os **Portais da Transparência** são plataformas on-line que permitem aos cidadãos acessar informações detalhadas sobre a gestão dos recursos governamentais, entre outros dados de interesse coletivo. Por exemplo, se você deseja obter detalhes sobre o orçamento municipal, como receitas e despesas, incluindo gastos com salários, contratos, licitações, obras e serviços, o melhor caminho é acessar o Portal da Transparência da Prefeitura de seu município. Além disso, é importante que na plataforma também constem informações sobre os processos licitatórios, como editais, resultados das licitações, contratos celebrados e recursos recebidos do governo federal e estadual, bem como aqueles repassados a entidades da sociedade civil. A LAI exige também a disponibilização de dados gerais para o acompanhamento de programas, ações, projetos e obras de órgãos e entidades, além de respostas às perguntas mais frequentes feitas pela sociedade.

Isso é o que chamamos de **transparência ativa**, ou seja, são aqueles dados e informações disponibilizados pelos órgãos públicos de forma proativa, independentemente da solicitação de um cidadão. Nesse sentido, essas plataformas representam um passo significativo na direção de uma governança mais aberta e transparente. A transparência ativa fortalece o controle social e a democracia ao permitir que os cidadãos fiscalizem e questionem o uso dos recursos públicos e as ações governamentais.

Mas e quando informações públicas não são disponibilizadas diretamente nos Portais da Transparência? Como é possível obtê-las?

Nesses casos, a LAI determina a criação de **Serviços de Informação ao Cidadão (SIC)**, que são estruturas concebidas dentro dos órgãos e entidades do Poder Público com o objetivo de facilitar o exercício do direito de acesso à informação pelos cidadãos. Isso é o que chamamos de transparência passiva: o processo pelo qual as entidades públicas fornecem informações em resposta a pedidos específicos feitos por cidadãos. Diferentemente da transparência ativa, na qual o governo divulga informações de maneira sistemática para o público, a transparência passiva requer uma ação inicial por parte do interessado, que deve formalizar um pedido de acesso à informação. Portanto, a função do SIC é ser como um ponto de contato entre o cidadão e o órgão público. Assim, o serviço deve fornecer orientações claras sobre como os indivíduos podem solicitar informações, quais tipos de dados podem ser acessados e os procedimentos que devem ser seguidos para consultá-los. Isso inclui ajudar as pessoas a entender seus direitos sob a LAI e como exercê-los efetivamente. O SIC deverá protocolar os documentos e requerimentos de acesso a informação de modo que os pedidos sejam formalmente reconhecidos, rastreados e respondidos dentro dos prazos legais estabelecidos pela LAI.

São diversas as informações que podem ser obtidas pelo SIC, por exemplo: detalhes sobre a execução orçamentária do município, como relatórios de gestão fiscal; o cronograma de uma obra em andamento; dados sobre a rede de saúde municipal, como localização e capacidade de hospitais e clínicas; estatísticas de educação, como números sobre escolas municipais, programas de merenda e transporte escolar, etc. É possível também solicitar dados fundamentais para o dia a dia dos cidadãos, caso ainda não estejam disponíveis nos Portais da Transparência, como horários de coleta de lixo, rotas de transporte público, com horários e tarifas, entre outros.

Importante destacar que a LAI assegura que qualquer pessoa pode requerer informações sem que seja preciso explicar o motivo. O órgão municipal tem até vinte dias, extensíveis por mais dez, para fornecer uma resposta. Caso a informação já esteja disponível em formato digital ou de acesso público, o solicitante será instruído sobre como poderá acessá-la. Em certas circunstâncias, o acesso a uma informação pode ser negado, especialmente quando envolver questões de sigilo. Por exemplo, um pedido pode ser rejeitado se expuser informações sensíveis sobre operações de segurança urbana que, se divulgadas, poderiam comprometer ações contra determinado tipo de crime na cidade. Nessas situações, o cidadão requerente será informado da negativa e poderá apelar a autoridades superiores, se for o caso. A lei também tutela informações pessoais, restringindo o acesso a esses dados para proteger a privacidade individual, com algumas exceções em nome do interesse público.

Agora que entendemos os conceitos de transparência ativa e passiva, além da função dos Portais da Transparência e dos SICs, apresentaremos a seguir algumas iniciativas interessantes de coletivos, grupos e sites que trabalham com dados públicos para torná-los mais acessíveis e compreensíveis à população.

Muitas organizações da sociedade civil atuam pela transparência e acesso a informações públicas, como a Open Knowledge Brasil, o Instituto Governo Aberto, a Transparência Brasil, a Associação Brasileira de Jornalismo Investigativo (Abraji), entre outras. As instituições citadas fazem parte do Fórum de Direito de Acesso a Informações Públicas, uma coalizão de organizações que promove e garante a implementação da LAI no Brasil. Elas trabalham na produção de conhecimento, comunicação e interação com órgãos públicos, além de produzir avaliações e notas técnicas sobre transparência de órgãos governamentais, divulgar informações ao público e à imprensa, e organizar eventos para discutir e incentivar o uso efetivo da LAI.

Atuando nessa mesma linha, um portal interessante é o Achados e Pedidos, que centraliza solicitações de informações públicas feitas sob a LAI e as respectivas respostas da administração pública. Ele facilita o acesso a dados públicos, servindo como um recurso para cidadãos que buscam informações sobre diversos assuntos relacionados ao governo. Nesta plataforma, existe uma ferramenta chamada repLAI, lançada pela Transparência Brasil. O repLAI é um *chatbot* projetado para auxiliar os cidadãos na elaboração de recursos contra respostas negativas a pedidos de informação via LAI. A ferramenta analisa as respostas dos órgãos públicos, identifica o tipo de negativa e fornece um texto-base e orientações para que o usuário possa formalizar um recurso efetivo. Além disso, o repLAI oferece assistência na formulação de novas solicitações e dá acesso direto a sistemas eletrônicos de informação ao cidadão.

O Querido Diário também é uma boa ferramenta para aprimorar a transparência pública nas cidades. A plataforma se baseia nos diários oficiais dos municípios brasileiros, disponibilizando-os em um formato aberto e acessível para o público. Por meio de inteligência artificial, classifica e contextualiza as informações, permitindo que os cidadãos monitorem e analisem os dados governamentais de forma fácil. O Querido Diário é um projeto executado pela Open Knowledge Brasil, a qual também coordena uma ferramenta chamada Queremos Saber, que realiza pedidos de informação em nome da plataforma, de modo que a privacidade do cidadão seja garantida na solicitação de uma informação a um órgão público.

Estes são apenas alguns exemplos, e é sempre recomendável verificar a disponibilidade desses recursos em nível local, uma vez que muitas dessas iniciativas podem estar disponíveis apenas para algumas cidades.

A atuação desses grupos é essencial para ampliar o acesso à informação e fortalecer o controle social sobre os recursos públicos.

É importante destacar que as normas de transparência pública atingem as esferas federal, estadual e municipal, abrangendo os Poderes Executivo, Legislativo, Judiciário e também o Ministério Público. Além disso, compreende também órgãos da administração indireta, como fundações e autarquias. Verifique em sua cidade como têm funcionado os Portais da Transparência e o SIC na Prefeitura, Câmara dos Vereadores e demais autarquias e fundações municipais.

A consulta regular aos Portais da Transparência assegura a responsabilidade dos gestores públicos, ao passo que também capacita os cidadãos com conhecimento, fortalecendo, assim, a participação ativa na tomada de decisão. Ao informar-se sobre gastos e receitas, a população se torna mais consciente do destino dos recursos públicos, e consolida-se a ideia de que a transparência não é apenas um direito, mas uma ferramenta valiosa para uma cidadania informada e comprometida.

CONHEÇA AS INICIATIVAS MENCIONADAS NESTA ESTRATÉGIA

Open Knowledge Brasil
https://ok.org.br/

Instituto de Governo Aberto
https://institutodegovernoaberto.com.br/

Transparência Brasil
https://www.transparencia.org.br/

Associação Brasileira de Jornalismo Investigativo (Abraji)
https://www.abraji.org.br/

Fórum de Direito de Acesso a Informações Públicas
https://informacaopublica.org.br

Achados e Pedidos
https://www.achadosepedidos.org.br

Querido Diário
https://queridodiario.ok.org.br

Queremos Saber
https://queremossaber.org.br

TRILHA DA
TRANSPARÊNCIA
PÚBLICA

#17

APRENDER A CHECAR NOTÍCIAS E COMBATER *FAKE NEWS*

Vivemos em uma era em que a disseminação de informações falsas tornou-se uma preocupação global. Diante desse cenário, é fundamental aprender a checar notícias para combater a desinformação e fortalecer a nossa democracia. Na estratégia anterior, você aprendeu a consultar dados e informações públicas por meio dos Portais da Transparência ou por solicitação direta aos órgãos públicos por meio do Serviço de Informação ao Cidadão (SIC).

Mas e quando nos deparamos com uma mensagem que contém uma notícia duvidosa? Como saber se ela é verdadeira?

As chamadas *fake news*, termo em inglês que significa "notícias falsas", são normalmente veiculadas de forma massiva, contendo informações não verídicas ou distorcidas, que podem causar danos significativos à sociedade. Esse tipo de notícia pode ser utilizado para desinformar a população na esfera política, durante uma campanha eleitoral, por exemplo, ou até mesmo a respeito de temas como saúde pública ou políticas de distribuição de renda, como o Bolsa Família. Assim, os efeitos da desinformação são vastos, afetando desde a reputação de pessoas públicas até a confiança nas instituições democráticas.

Nesse contexto, a educação tem um papel fundamental, pois contribui para a formação do senso crítico e ajuda as pessoas a discernir entre informações verdadeiras e falsas. No âmbito do combate à desinformação, a alfabetização midiática surge como uma resposta necessária. O objetivo é capacitar cidadãos a analisar criticamente as informações que consomem, como um passo essencial para construir uma sociedade mais crítica e mais apta a tomar decisões públicas e coletivas.

Como vivemos em um mundo de informações abundantes, é preciso conhecer ferramentas e métodos de checagem de fatos, bem como compreender a importância de buscar fontes confiáveis.

Muitas plataformas têm oferecido recursos para ajudar os cidadãos a identificar informações verdadeiras e falsas. Iniciativas como Agência Aos Fatos, Boatos.org, UOL Confere, Agência Lupa, Estadão Verifica e G1 Fato ou Fake são exemplos notáveis que se dedicam a desmistificar boatos e a proporcionar fontes confiáveis de informação para o público. Então, se você desconfiar de alguma notícia, entre em uma dessas plataformas e faça a checagem das informações; se for falsa, não a compartilhe!

As redes sociais são o principal meio pelo qual as *fake news* circulam, e elas dispõem de mecanismos de denúncia de conteúdos falsos. Já em períodos de campanha eleitoral, momento de grande propagação de desinformação, é possível também realizar denúncias ao Ministério Público Eleitoral e ao Tribunal Superior Eleitoral. Fique atento também aos programas de combate às *fake news* em seu estado ou cidade, pois podem ocorrer de forma localizada.

O aplicativo Pardal, da Justiça Eleitoral, permite realizar denúncias de propaganda eleitoral irregular ou ilegal, além de coletar outras infrações, como compra de votos ou doações e gastos eleitorais irregulares.

Veja a seguir algumas dicas simples para exercer sua cidadania combatendo a desinformação.

- # **Verifique a fonte da notícia:** a análise crítica e a busca por fontes confiáveis são habilidades valiosas nesse processo.
- # **Analise a data de publicação:** algumas notícias podem ser verdadeiras, mas antigas, com menos relevância. Verifique a data de publicação para avaliar se a informação é atual.
- # **Cruze informações com outras fontes confiáveis:** cheque em mais de um canal de notícias para aumentar as chances de que a informação seja verdadeira.
- # **Perceba se há erros ortográficos ou gramaticais:** textos mal redigidos podem ser um sinal de notícia falsa.
- # **Desconfie de títulos muito bombásticos:** notícias com títulos sensacionalistas podem indicar viés ou manipulação da informação. É claro que avaliar o conteúdo, além do título, é fundamental.
- # **Observe se o link (URL) da notícia é falso ou duvidoso:** verifique se o endereço da página da web que está fornecendo a notícia é verdadeiro e confiável. Algumas notícias falsas usam links enganosos, então é importante garantir que o endereço na barra de pesquisa seja de uma fonte de notícias legítima.

Por fim, mas não menos importante, atente-se para o tipo de desinformação mais difícil de ser averiguada, mas que tem sido cada vez mais frequente:

- # **Saiba reconhecer o que é fato e o que é opinião:** ao assistir a um vídeo no celular ou na televisão, ao ouvir um podcast ou ler um texto, é importante compreender que há diferenças entre dados comprovados ou científicos e as opiniões pessoais, que quando excessivas podem indicar um viés de desinformação. Nem toda opinião expressa, mesmo por alguém eloquente, é fundamentada por fatos verificáveis ou base científica. Por isso, busque fontes que ofereçam uma abordagem mais equilibrada e imparcial, respaldadas pelo jornalismo ético e responsável. A diversidade de perspectivas também ajuda a obter uma compreensão mais abrangente de um assunto e reduz a probabilidade de manipulação da narrativa.

E lembre-se: ser um cidadão ativo é responsabilizar-se individualmente pela disseminação de informações, aspecto muitas vezes subestimado. Cada pessoa desempenha um papel significativo ao compartilhar conteúdo on-line. Portanto, é essencial refletir sobre a sua responsabilidade ao compartilhar informações e considerar o impacto que essas ações podem ter.

Ao aprender a combater as *fake news*, contribuímos para uma comunidade mais informada, participativa e resiliente diante dos desafios da desinformação. Essa jornada de aprendizado é um passo fundamental para o fortalecimento da participação cidadã e a construção de um futuro mais consciente e colaborativo.

CONHEÇA AS INICIATIVAS MENCIONADAS NESTA ESTRATÉGIA

Agência Aos Fatos
https://www.aosfatos.org/

Boatos.org
https://www.boatos.org/

UOL Confere
https://noticias.uol.com.br/confere/

Agência Lupa
https://lupa.uol.com.br/

Estadão Verifica
https://www.estadao.com.br/estadao-verifica/

G1 Fato ou Fake
https://g1.globo.com/fato-ou-fake/

TRILHA DA INOVAÇÃO POLÍTICA

Chegamos à sexta trilha, dedicada à inovação política, na qual encontraremos estratégias que redefinirão a maneira como compreendemos e participamos da política. Prepare-se para explorar práticas transformadoras e ideias criativas que buscam revolucionar a relação entre cidadãos e governantes – e as formas de se fazer política.

 # A inovação política não é apenas sobre novas ferramentas, mas sobre a transformação da própria democracia. Ela nos convida a repensar os modelos tradicionais, a experimentar abordagens criativas e a construir pontes entre cidadãos e governantes. Ao romper com as práticas convencionais, abrimos espaço para soluções mais eficazes, participativas e inclusivas, que realmente respondam aos desafios de nossa sociedade.

Conforme você já percebeu ao longo do livro, diversas inovações políticas, como conselhos municipais, orçamentos participativos e aplicativos para participação digital, desempenham um papel importante no fortalecimento da participação social.

No entanto, há mais por vir. Aqui, daremos destaque a modelos inovadores, agrupados especificamente nesta trilha por um motivo especial: sua natureza pedagógica e flexível, que oferece novos caminhos para o engajamento cidadão sem as restrições formais de estruturas como conselhos municipais ou organizações da sociedade civil, por exemplo. São modelos que se destacam por sua capacidade de se moldar às necessidades e dinâmicas locais, abrindo caminho para uma participação mais orgânica e inclusiva.

Exploraremos a fundo essas inovações focando em modelos como o observatório cidadão, o minipúblico e o parlamento jovem – os quais destacamos não apenas por seu reconhecimento internacional, mas também pelo resultado apresentado em diferentes municípios brasileiros. Esta trilha oferece uma perspectiva prática que incentiva o engajamento das pessoas na construção de espaços criativos que apoiam a formulação de políticas públicas de maneira participativa. Vamos ver como podemos reinventar espaços na política?

TRILHA DA
INOVAÇÃO
POLÍTICA

#18

ORGANIZAR UM OBSERVATÓRIO CIDADÃO

E se um grupo de cidadãos ou de organizações sociais decidisse unir forças para acompanhar a gestão de áreas importantes de um município, como o meio ambiente, a educação pública ou a mobilidade urbana? E se pudessem, com isso, criar uma visão integrada e estratégica da cidade? Como isso os equiparia para planejar um futuro melhor?

Uma iniciativa como essa pode representar uma forma poderosa de transformar positivamente a realidade local. Vamos explorar como um **observatório cidadão** pode se tornar um espaço de mudança significativo para uma região.

É muito comum associarmos a palavra "observatório" a um local que realiza pesquisas e estudos, geralmente relacionados à astronomia e à climatologia. A ideia é justamente essa, mas, em vez de monitorar o espaço, a ideia é empregar "lentes sociais" para analisar o desenvolvimento de uma comunidade ou município. O observatório cidadão volta seus "telescópios" não para as estrelas, mas para a cidade, capturando uma visão detalhada de seus múltiplos aspectos – sociais, econômicos, ambientais, culturais, etc. Aqui, essa observação minuciosa não se concentra unicamente nas ações do governo. Ela oferece análises da realidade municipal, propiciando um entendimento mais completo para embasar a formulação de políticas e de soluções para elevar a qualidade de vida das pessoas. Assim, um observatório cidadão pode atuar como um catalisador para melhorias ao identificar problemas, propor soluções e acompanhar de perto a implementação de políticas públicas eficazes.

Em resumo, um observatório cidadão é uma iniciativa da sociedade civil que funciona como uma plataforma de monitoramento, análise e avaliação das políticas públicas e da gestão municipal. Seu objetivo é promover a transparência, a participação cidadã e o controle social, bem como fornecer uma visão abrangente e detalhada dos diversos aspectos da vida pública, incluindo educação, saúde, segurança, assistência social, entre outros.

Há observatórios, por exemplo, que se concentram na fiscalização dos recursos públicos, como o Observatório Social do Brasil (OSB), presente em diversos municípios brasileiros, mas outros utilizam uma lente mais abrangente, a fim de monitorar indicadores municipais e recomendar melhorias em ações governamentais e políticas públicas. É o que fazem iniciativas como a Rede Nossa São Paulo, o Instituto Nossa Ilhéus (BA), o Instituto Ilhabela Sustentável (SP), entre outras. Essas iniciativas da sociedade civil atuam como observatórios municipais em seu escopo de atuação.

Além de monitorar indicadores, é comum que os observatórios também realizem pesquisas, diagnósticos e análises, promovam formações e capacitações para os cidadãos, organizem consultas e eventos públicos, executem ações de pressão ou de incidência em políticas públicas, desenvolvam projetos de desenvolvimento local, entre outros. De maneira geral, eles contribuem para o diagnóstico e monitoramento da qualidade de vida, de políticas públicas e de ações governamentais. É uma abordagem de atuação mais complexa e sistêmica, mas que fortalece a gestão pública, gerando dados e análises precisas que podem se tornar subsídios preciosos nas tomadas de decisão política.

Há também observatórios dedicados a monitorar o Poder Público, como já vimos na trilha de fiscalização e controle social. É o caso da Rede Amarribo e o do OSB. Em geral, esses observatórios atuam no monitoramento de compras e da oferta de serviços públicos buscando maior transparência e melhor qualidade na aplicação dos recursos municipais. Centenas de municípios brasileiros possuem iniciativas locais que integram essas redes, e as cidades que contam com um observatório como esses têm uma probabilidade maior de identificar e corrigir irregularidades e práticas questionáveis em compras públicas, otimizando assim a utilização dos recursos destinados ao bem-estar da comunidade.

Também existem observatórios temáticos que monitoram e acompanham indicadores e políticas públicas tanto nacional quanto localmente, como é o caso do Observatório Nacional dos Direitos Humanos ou do Observatório do Clima, enquanto outras iniciativas se dedicam mais à esfera macro. Portanto, independentemente se a ação é federal ou municipal, participar de um observatório dedicado a avaliar ou propor melhorias públicas é, sem dúvida, um exercício de cidadania ativa muito importante.

Em uma abordagem similar, algumas iniciativas visam ao monitoramento das metas definidas pelas Prefeituras, as quais são detalhadas nos planos de governo municipais. Em muitas cidades do Brasil, vigora a Lei de Metas, que obriga os novos governos municipais a estabelecer um plano de metas para seus mandatos. Cada município pode ter sua própria lei, contudo, mesmo na ausência dessa ferramenta legal, os cidadãos têm o direito de exigir que a Prefeitura divulgue seus objetivos e ações para os próximos anos. Esses documentos costumam descrever mais detalhadamente as ações e metas previstas nas leis orçamentárias, como o Plano Plurianual (PPA), a Lei de Diretrizes Orçamentárias (LDO) e a Lei Orçamentária Anual (LOA), sendo um meio eficiente de cobrar responsabilidade e transparência da administração pública. Assim, a sociedade civil consegue acompanhar e avaliar a efetiva realização dessas metas.

O quadro a seguir apresenta os tipos de observatórios existentes.

Quadro 3 – Observatório cidadão: tipos, objetivos e exemplos

Tipo de observatório cidadão	Objetivos	Exemplos
Observatórios de fiscalização dos recursos públicos	Acompanhamento da aplicação de recursos públicos; monitoramento de licitações, contratos e gastos governamentais; identificação de irregularidades; promoção da transparência.	# Observatório Social do Brasil (OSB) # Rede Amarribo
Observatórios de indicadores municipais	Monitoramento de indicadores em diversas áreas (saúde, educação, meio ambiente, habitação, etc.); análise de dados e formulação de recomendações para políticas públicas.	# Rede Nossa São Paulo # Instituto Nossa Ilhéus # Instituto Ilhabela Sustentável
Observatórios temáticos de políticas públicas	Avaliação e monitoramento de políticas públicas específicas; análise de seus impactos e eficácia; proposição de melhorias e novas abordagens.	# Observatório Nacional dos Direitos Humanos # Observatório do Clima # Observatório do Marco Legal do Saneamento # Observatório da Primeira Infância # Observatório do Manejo Florestal Comunitário e Familiar

(cont.)

Tipo de observatório cidadão	Objetivos	Exemplos
Observatórios de monitoramento do Poder Público e metas governamentais	Monitoramento das ações do Poder Executivo e Legislativo; análise de decisões, leis e projetos; acompanhamento das metas definidas pelos governos municipais em seus planos de governo; promoção da transparência, da responsabilização e do alinhamento das ações governamentais com as necessidades da população.	# Grupos de acompanhamento da Câmara dos Vereadores # Iniciativas da sociedade civil que monitoram as metas estabelecidas nos planos de governo municipais

A essa altura, você pode estar se perguntando: como os observatórios e iniciativas similares costumam se organizar? Geralmente, esses grupos são compostos de uma variedade de organizações e representantes da sociedade civil, como OSCs, movimentos sociais, acadêmicos, ativistas, associações comunitárias, etc. Mas em alguns casos, há a participação ou parceria direta com órgãos públicos. Não há uma regra, e, independentemente de sua composição, é importante que prezem pela diversidade e pelo equilíbrio de forças em um território.

Quanto à governança, os observatórios geralmente adotam estruturas democráticas e participativas. Decisões importantes são tomadas de forma coletiva, buscando o consenso entre os membros. Além disso, muitos observatórios promovem a transparência em suas ações divulgando relatórios, resultados e metas para a comunidade. A liderança pode ser rotativa ou exercida por membros eleitos, o que garante a representatividade e a inclusão de diferentes perspectivas. Essa diversidade de participantes e a busca por processos democráticos fortalecem a atuação do observatório e sua capacidade de promover mudanças sociais positivas.

Agora, que tal procurar um observatório para se envolver? Ou por que não criar um em seu município?

TRILHA DA
INOVAÇÃO
POLÍTICA

#19

PROPOR A REALIZAÇÃO DE UM MINIPÚBLICO

E se você fosse formalmente convidado pela Prefeitura ou Câmara dos Vereadores de sua cidade para participar de um evento dedicado a tomar decisões sobre ações públicas? Não seria interessante poder opinar e discutir sobre um investimento significativo para seu município?

Caso esse tipo de evento ainda não aconteça em sua cidade, você e seu grupo podem sugerir aos órgãos públicos e contribuir para sua organização. Vamos entender um pouco mais sobre eles?

Conhecido como **minipúblico** ou **júri cidadão**, essa forma de participação social reúne pequenos grupos representativos da população para debater questões específicas. Formado por cidadãos selecionados de forma aleatória, para refletir a diversidade da sociedade, o grupo tem a oportunidade de dialogar, deliberar e oferecer sugestões ou recomendações sobre temas pertinentes ao município. Perceba que, em geral, é organizado para tomar decisões deliberativas e não apenas consultivas, mas não há propriamente uma regra que dite seu funcionamento.

A proposta por trás dos minipúblicos é criar um ambiente participativo e inclusivo, no qual os participantes podem se informar, compartilhar experiências e, por fim, contribuir para as tomadas de decisão em políticas públicas. Essa abordagem visa superar desafios comuns a processos mais amplos, como audiências públicas, oferecendo uma dinâmica mais próxima e colaborativa.

Embora ainda não sejam tão populares no Brasil, diferentemente dos espaços institucionais de participação, como o orçamento participativo ou as conferências e audiências públicas, os minipúblicos representam uma oportunidade interessante de participação ativa. Como mencionamos, as pessoas são escolhidas por sorteio para participar. Em geral, são convidados entre quarenta e cem cidadãos, que recebem com antecedência informações técnicas sobre o assunto que será discutido. O grupo selecionado delibera e elabora um documento final endereçado aos tomadores de decisão.

Portanto, durante os encontros, todos os participantes precisam ter voz, e cada argumento deve ser respeitado, para um ambiente de diálogo inclusivo. Com o tempo e informações aprofundadas, o grupo é capacitado para alcançar soluções mais justas e convergentes. Ao término do processo, é elaborado um registro das deliberações, estabelecendo-se uma conexão entre a comunidade e os responsáveis pelas tomadas de decisão no município. É importante ressaltar que esses resultados não são apenas sugestões: eles representam a incorporação das decisões comunitárias em uma agenda política concreta.

Portanto, o principal objetivo dos minipúblicos é encurtar a distância entre o público e as decisões políticas. Eles são considerados importantes porque se baseiam em uma seleção aleatória e em discussões deliberativas para ajudar as pessoas a formar uma opinião informada sobre uma decisão. Isso significa que os cidadãos afetados por uma escolha política podem examinar diferentes cenários e consequências para formar uma opinião coletiva com base nas informações disponíveis.

Caso não exista em sua cidade, os coletivos de cidadãos podem se organizar para solicitar essa forma de participação à Prefeitura ou à Câmara dos Vereadores. Como os minipúblicos requerem uma metodologia precisa, os órgãos públicos, por sua vez, podem recorrer a instituições que atuem na facilitação de processos participativos com foco em políticas públicas, como o Instituto Terroá ou o Delibera Brasil, para apoiá-los nessa implementação. Essa metodologia cumpre etapas fundamentais: (1) a seleção aleatória e estratificada dos participantes, para garantir diversidade e representatividade; (2) a fase de aprendizagem, na qual os participantes recebem informações por meio de especialistas, materiais didáticos e espaço para perguntas; (3) a deliberação mediada por facilitadores, que asseguram um diálogo respeitoso e argumentativo entre os participantes; e (4) a elaboração de recomendações coletivas, que são formalmente entregues aos tomadores de decisão. Além disso, boas práticas sugerem que as autoridades respondam publicamente às propostas recebidas e, quando possível, incorporem-nas em políticas concretas. Ao considerar essas etapas, essa forma de participação tem se mostrado eficaz para aproximar cidadãos e governos, promovendo decisões mais legítimas, inclusivas e informadas.

TRILHA DA
INOVAÇÃO
POLÍTICA

#20

CRIAR UM PARLAMENTO JOVEM

Já imaginou ter um espaço em que os jovens de sua cidade possam se expressar, discutir ideias, aprender sobre o funcionamento do Estado e propor políticas públicas? Esse tipo de espaço existe em alguns municípios e é conhecido como **parlamento jovem**: uma iniciativa que promove a participação ativa da juventude em decisões que impactam nossos municípios.

Você sabia que vivem no Brasil quase 52 milhões de pessoas com idade entre 14 e 29 anos? Essa faixa etária representa um quarto da população do país. Desde a entrada em vigor do Estatuto da Juventude, em 2013 (Lei nº 12.852, de 5 de agosto de 2013), os jovens passaram a contar com um sistema próprio de proteção e garantia de direitos fundamentais, entre os quais se destacam o direito à cidadania, à participação social e política, e à representação juvenil. Essa disposição reconhece a importância do acesso a serviços essenciais, bem como da oportunidade de influenciar diretamente as decisões que podem transformar o cotidiano dessa população.

Nesse contexto, iniciativas como o parlamento jovem surgem como um espaço para a formação cidadã e a participação ativa dos jovens na vida da cidade. Ainda que não exista uma regra que dite seu funcionamento, geralmente, o parlamento jovem se desenvolve da seguinte maneira: jovens de diferentes escolas e/ou coletivos do município são escolhidos, por meio de eleições democráticas, para concorrerem como "vereadores jovens". Assim que eleitos, as Câmaras Municipais realizam uma solenidade de posse. Então, os jovens passam por formações sobre política e cidadania, fundamentais para prepará-los para a participação democrática e para desempenharem atividades qualificadas enquanto "parlamentares". Esse tipo de capacitação, quando realizado no âmbito de um parlamento jovem, não apenas aprimora a compreensão sobre o sistema político, mas também promove o desenvolvimento de habilidades de liderança, colaboração, argumentação e tomada de decisão, importantes para uma participação cidadã efetiva. Entre as atividades preparatórias, muitas vezes são realizadas reuniões plenárias simuladas, precedidas de eleição dos membros da mesa diretora e das comissões temáticas.

Algumas experiências de parlamento jovem podem oferecer mais que formação, com os jovens colocando a mão na massa e exercendo atribuições de criar propostas de lei, fiscalizar o Poder Executivo e discutir temas relevantes para suas comunidades. Nesses casos, as propostas de lei elaboradas pelos jovens são apresentadas formalmente à Câmara dos Vereadores e ao Executivo municipal, que têm a responsabilidade de analisar e, se possível, transformar essas ideias em projetos de lei ou ações governamentais.

Para deixar mais claro o objetivo de um parlamento jovem, imagine uma dezena de jovens aprendendo sobre cidadania e políticas públicas. Enquanto compartilham esse conhecimento, cada um começa a elaborar ideias de melhoria para o município com base em pesquisas: buscam por especialistas, fazem plenárias de discussão com outros jovens, escutam movimentos sociais, entrevistam autoridades, etc. Nesse processo, são estimulados a construir soluções qualificadas para a cidade. Por fim, apresentam propostas de lei aos poderes Legislativo e Executivo, e chegam a essas autoridades já com um embasamento técnico e respaldo social para impulsionar a aplicação das propostas. Os projetos podem abranger uma ampla temática social, por exemplo: a implementação de programas que promovam a educação nutricional e o consumo de alimentos orgânicos e locais nas cantinas escolares; a introdução de aulas sobre cultura afro-brasileira nas escolas; a realização de iniciativas para a promoção do uso de bicicletas, incluindo uma política municipal de mobilidade urbana; ou um programa voltado à saúde mental dos jovens, entre tantas outras possibilidades.

Uma iniciativa semelhante ao exemplo descrito é a do Parlamento Jovem de Matão (SP). Consulte o site da Câmara Municipal de Matão para saber mais sobre as atividades do grupo, incluindo o próprio projeto de lei que instaura o espaço e orienta seus objetivos.

Um parlamento jovem pode desempenhar um papel complementar essencial, que é o de fomentar a criação de uma rede local que ajude a defender e a garantir os direitos da juventude. Dessa forma, é importante reunir organizações que apoiem essas iniciativas e o processo pedagógico que elas proporcionam. Ao mesmo tempo, a rede se torna um espaço que ajuda a preparar diferentes instituições para ouvir ativamente os jovens. Essa articulação também incentiva órgãos públicos a reconhecer o valor das perspectivas juvenis em suas estratégias, e pode ir além, motivando o governo a adotar métodos inovadores de engajamento da juventude ao integrá-los aos seus processos de formulação de políticas públicas. Isso contribuiria para estabelecer uma cultura política mais inclusiva e representativa.

Portanto, os parlamentos jovens atuam como laboratórios de cidadania ativa, preparando tanto os jovens para o exercício democrático quanto os órgãos governamentais para abraçar e integrar efetivamente a voz da juventude em suas decisões. Se seu município já tiver um parlamento jovem, aproveite para divulgá-lo e ampliar seu alcance de participação. Caso ainda não o tenha, reúna um grupo de interessados e convoque a Câmara dos Vereadores a iniciar um.

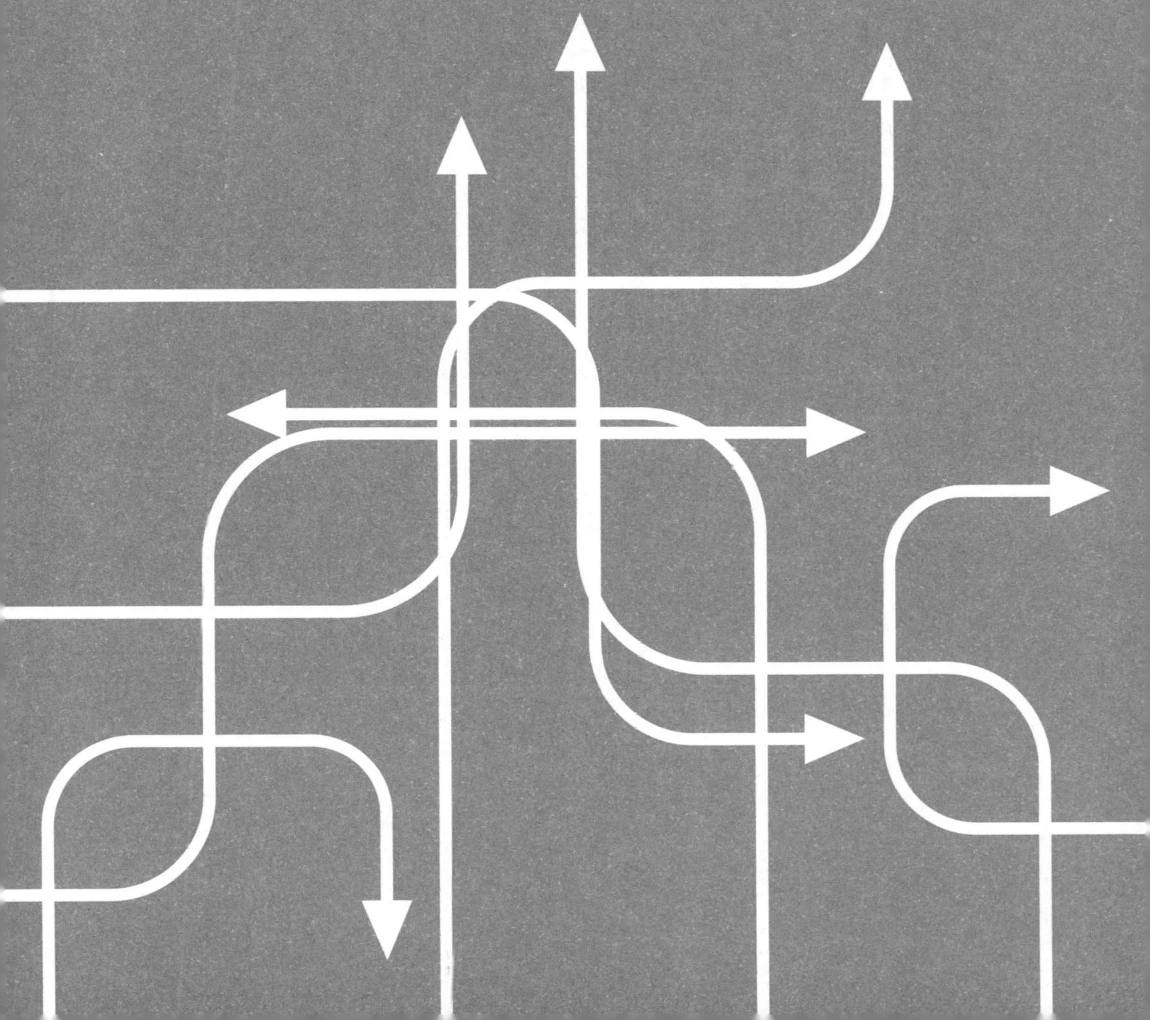

TRILHA DA PARTICIPAÇÃO DIGITAL

Esta é a sétima trilha, dedicada à participação digital, na qual desvendaremos algumas das estratégias que a tecnologia oferece para ampliar a voz dos cidadãos no cenário político. Prepare-se para explorar o mundo das ferramentas digitais e descobrir como elas podem potencializar a participação cidadã de maneira significativa.

 # A participação digital é capaz de envolver os cidadãos de maneira ativa e colaborativa por meio das ferramentas digitais, permitindo que eles façam parte da definição de políticas públicas, compartilhem ideias e contribuam para a construção de soluções coletivas.

Essa forma de participação vai além do mero uso da tecnologia; trata-se de uma abordagem que coloca o cidadão no centro da tomada de decisão graças a plataformas interativas, aplicativos e outras soluções digitais.

Nesta trilha, exploraremos diversas possibilidades, desde o uso de tecnologias de participação até a adaptação ou criação de ferramentas digitais específicas para atender a um determinado serviço ou público. Durante a jornada, examinaremos como aplicativos têm transformado a forma como nos envolvemos politicamente. Vamos explorar essas inovações, compreender seu funcionamento e, o mais importante, como você pode usá-las para fazer a diferença em sua comunidade. Ao final desta trilha, esperamos que você tenha a curiosidade necessária para aproveitar ao máximo as oportunidades oferecidas pela participação digital e que contribua de maneira eficaz para a construção de políticas públicas mais alinhadas às necessidades da sociedade.

TRILHA DA
PARTICIPAÇÃO
DIGITAL

#21

UTILIZAR TECNOLOGIAS DE PARTICIPAÇÃO E ATIVISMO DIGITAL

O uso de plataformas digitais e aplicativos possibilita que os cidadãos estejam mais informados, engajados e capacitados a influenciar as decisões que afetam suas comunidades. Mas como podemos aproveitar melhor a tecnologia para fortalecer a participação cidadã e o controle social?

Em diversos municípios, cidadãos têm apresentado demandas públicas reais que poderiam ser efetivamente trabalhadas por meio da participação digital, contribuindo para a solução de problemas e o aprimoramento de políticas públicas. Vamos apresentar a seguir exemplos reais de algumas plataformas e aplicativos interessantes que podem ajudar a promover a participação cidadã ativa.

Cidadãos preocupados com a conservação de áreas verdes, como praças e parques, encontram no Colab uma ferramenta para expressar suas preocupações e reportar a necessidade de intervenções. Essa plataforma possibilita um meio de interação direta com o Poder Público.

Você se interessa por acompanhar e analisar compras públicas municipais? O Querido Diário é uma plataforma que analisa dados de compras emitidas nos diários oficiais dos municípios brasileiros. Em seu repositório, é possível encontrar tarefas e documentação necessária para atuar com dados no seu município, de forma a contribuir com o controle social na cidade. Na mesma linha, existe a iniciativa Meu Município, um portal de finanças públicas municipais do Brasil, que organiza e disponibiliza de forma simples os dados dos municípios brasileiros, para que cidadãos e gestores públicos acompanhem e comparem o orçamento público de diversas cidades brasileiras.

Esses são apenas alguns exemplos, e cotidianamente há novas ferramentas disponíveis! Então convidamos você a procurar outras plataformas, que inclusive tratem de temas específicos, como é o caso do aplicativo PenhaS, criado pelo veículo jornalístico *AzMina*, que proporciona acesso à informação, acolhimento e apoio a mulheres vítimas de violência.

No próximo tópico que compõe a trilha da participação digital, você vai conhecer meios para criar aplicativos e plataformas específicos para sua cidade, mas ainda precisamos avançar um pouco mais e verificar outras possibilidades.

Embora nosso foco seja a participação local, em nossas cidades, apresentaremos algumas formas de interação digital em âmbito federal, por meio dos portais digitais oficiais do governo, como o e-Cidadania do Senado Federal e o Portal da Câmara dos Deputados, que oferecem espaços em que é possível opinar sobre projetos de lei, participar de consultas públicas e acompanhar matérias legislativas. Ainda que não estejam diretamente relacionados às trilhas de participação no município, esses mecanismos são vitais para o amplo exercício da cidadania.

Existem também outras ferramentas, em âmbito federal, como o Perfil Político, uma plataforma para comparar e conhecer o histórico dos milhares de candidatos às eleições, e o Operação Serenata de Amor, que conta com uma inteligência artificial capaz de analisar os gastos de deputados federais e senadores, identificando suspeitas e incentivando a população a questioná-los. Veja a seguir uma síntese das iniciativas apresentadas neste tópico.

Quadro 4 – Exemplos de plataformas e aplicativos para participação digital

Tipo de tecnologia	Função	Exemplos de iniciativas
Plataformas de participação cidadã	Interação direta com o Poder Público, para reportar problemas e expressar preocupações.	# Colab https://www.colab.com.br
Ferramentas de análise de dados	Acesso e análise de dados públicos para controle social e transparência.	# Querido Diário https://queridodiario.ok.org.br # Meu Município https://meumunicipio.org.br
Aplicativos de apoio e informação	Acesso a informações e ferramentas de ajuda para grupos específicos.	# PenhaS (disponível nas lojas de aplicativos)
Portais governamentais de participação	Participação em processos legislativos e consultas públicas.	# e-Cidadania (Senado Federal) https://www12.senado.leg.br/ecidadania # Portal da Câmara dos Deputados https://www.camara.leg.br
Plataformas de avaliação de políticos	Conhecer o histórico e o desempenho de políticos e candidatos.	# Perfil Político https://perfilpolitico.serenata.ai # Operação Serenata de Amor https://serenata.ai
Plataformas de código aberto	Criar e adaptar ferramentas digitais para as necessidades locais.	# Decidim https://decidim.org # Consul https://consuldemocracy.org # DemocracyOS https://democraciaos.org # Cila https://cilaglobal.org/recurso/

Essas ferramentas contribuem para o que chamamos de **ativismo digital**, importante prática para a promoção da participação cidadã. Pelas redes sociais, petições on-line e campanhas digitais, por exemplo, os cidadãos podem expressar suas opiniões, mobilizar comunidades e pressionar por mudanças. O ativismo digital amplia o alcance da participação cidadã, conectando pessoas de diferentes partes da cidade e do país em prol de causas comuns.

Contudo, a participação on-line enfrenta desafios significativos. A dificuldade de acesso à internet para todos os cidadãos aliada à natureza por vezes superficial e não qualificada das interações virtuais são barreiras a serem superadas. Muitas vezes, questões complexas exigem debates mais aprofundados e engajamento presencial.

No entanto, com o desenvolvimento da inteligência artificial, vislumbramos tecnologias que podem transformar a participação on-line em processos mais personalizados, aprofundando a jornada de participação política de milhões de cidadãos. Além disso, o metaverso, um ambiente virtual imersivo, deverá ganhar força nos próximos anos, de forma que os usuários possam interagir e colaborar em tempo real, revolucionando a forma como os cidadãos se envolvem na esfera pública. Como cenário possível, os cidadãos poderão participar de assembleias virtuais, debater políticas e até colaborar na construção de soluções para desafios urbanos e rurais.

Imagine uma cidade virtual na qual os moradores podem expressar suas ideias de maneira tridimensional, visualizando propostas de infraestrutura, discutindo planejamento urbano e experimentando virtualmente as mudanças propostas. Para isso, desde já, é essencial abordar questões como a acessibilidade digital para garantir que todos os segmentos da sociedade possam se beneficiar dessas novas formas de participação.

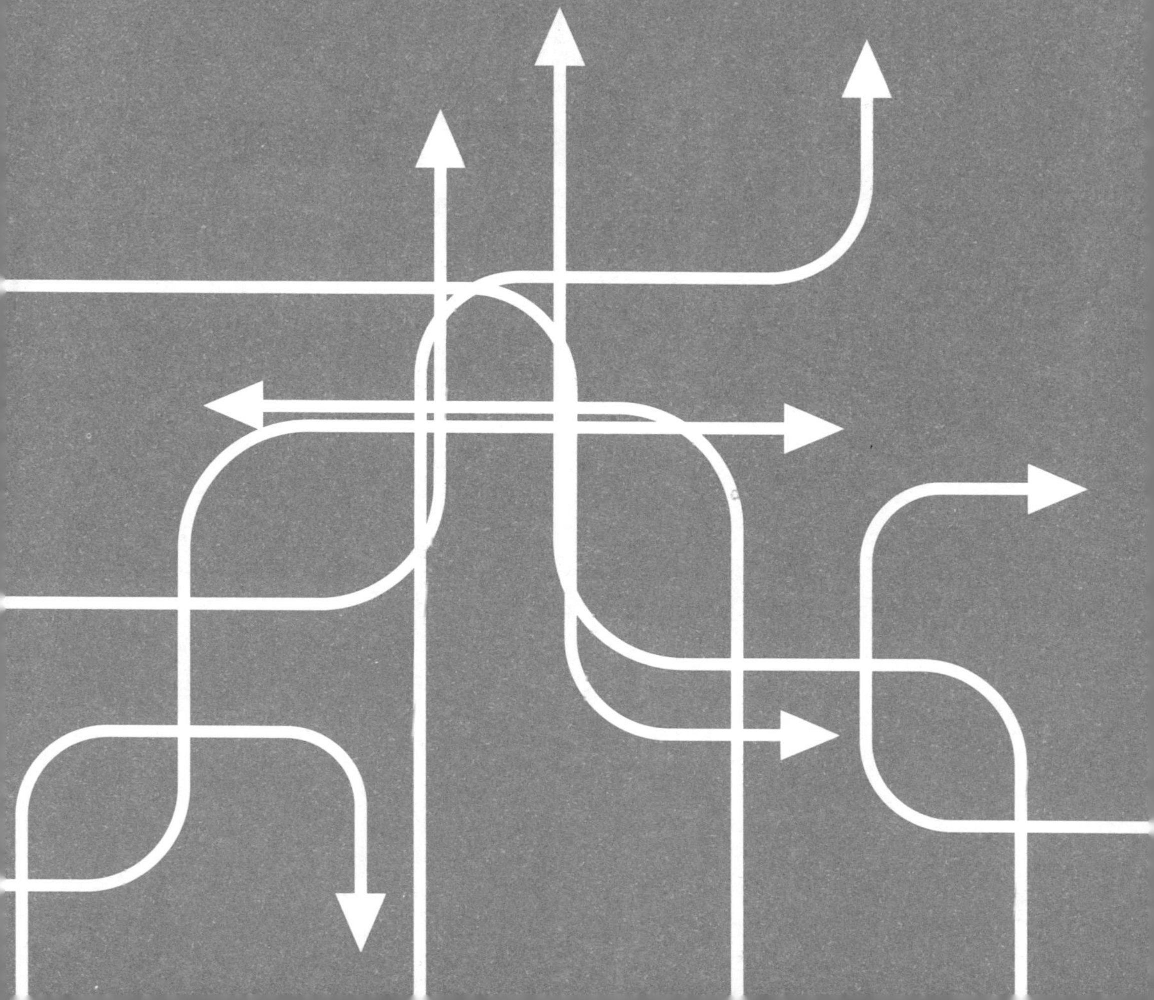

TRILHA DA
PARTICIPAÇÃO
DIGITAL

#22

ADAPTAR OU CRIAR FERRAMENTAS DIGITAIS

Imagine que um grupo de cidadãos decidiu se reunir para buscar soluções relacionadas ao desenvolvimento urbano para sua cidade, como planejamento de áreas verdes, mobilidade urbana e moradias populares. Como a abordagem deste grupo é ampla e complexa, notaram que aplicativos existentes não eram suficientes para ajudá-los no engajamento de novos membros, na organização de ideias e na formulação de propostas de políticas públicas.

Será que existem plataformas digitais que possam ser customizadas para atender a uma demanda específica?

A resposta é sim! Vamos explorar esse universo em que cidadãos, independentemente de suas habilidades em programação e em tecnologias da informação, têm o poder de influenciar de maneira positiva suas comunidades graças à personalização de plataformas virtuais já existentes.

Nesse contexto, as ferramentas digitais *open source* ("código aberto") disponibilizam seu código-fonte para que qualquer pessoa possa modificá-lo e adaptá-lo de acordo com suas necessidades. Ou seja, permitem que comunidades moldem as soluções digitais para atender a demandas específicas e promover a participação cidadã.

Para ficar mais clara essa prática, vamos apresentar brevemente algumas dessas plataformas para que você possa conhecê-las – elas também estão elencadas no quadro 4, apresentado no tópico anterior. Na sequência, retornaremos ao nosso exemplo inicial.

A plataforma Decidim, por exemplo, é uma ferramenta *open source* que permite a adaptação completa de suas funcionalidades. Nela é possível criar um espaço digital exclusivo para a sua cidade, incorporando elementos que vão desde pesquisas de opinião a processos decisórios mais complexos.

Já a Consul, desenvolvida pelo governo espanhol, é uma ferramenta orientada para consulta e tomada de decisão cidadã. Sua potencialidade aumenta quando programadores locais a adaptam para atender às necessidades de suas comunidades, que podem ir de escolhas orçamentárias até decisões urbanísticas.

Originado na Argentina e hoje utilizado globalmente, o DemocracyOS também oferece um ambiente digital para debates e tomadas de decisão. A plataforma oferece diversas ferramentas de participação cidadã com código aberto, permitindo a personalização para diferentes contextos, comunidades e localidades.

O Cila – Ciudades en Acción – contém um ótimo banco de dados com ferramentas e tecnologias digitais e sociais, todas *open source*, com o objetivo de fortalecer a democracia, a inovação, a participação cidadã e a abertura de governos locais na América Latina e Caribe.

Agora que você já conhece alguns exemplos, pode estar se perguntando: quem pode acessar e utilizar esses recursos todos?

A resposta é: qualquer cidadão ou organização pública ou privada. Importante destacar que tanto os grupos de cidadãos (coletivos, associações, organizações da sociedade civil, etc.) quanto o Poder Público podem adaptar essas ferramentas digitais para suas finalidades próprias, de modo a qualificar processos de participação social.

Voltemos ao exemplo inicial do grupo de cidadãos interessado em planejamento urbano para aprofundarmos nossa compreensão. Vamos supor que o grupo queira provocar um processo participativo relacionado à acessibilidade em locais públicos e opta, então, por utilizar a plataforma Decidim para propor ideias e votar em projetos destinados a melhorar a infraestrutura urbana para pessoas com mobilidade reduzida. Ao personalizar a plataforma, acrescentam-se informações detalhadas sobre pontos específicos da cidade que precisam de adaptações, como rampas e sinalização adequada. Organizam-se fóruns virtuais dentro da ferramenta, nos quais são discutidas propostas e compartilhados conhecimentos sobre soluções acessíveis. A customização da plataforma permite ao grupo destacar as necessidades pertinentes à comunidade, como pontos críticos de acessibilidade e sugestões para tornar o ambiente urbano mais inclusivo.

Em colaboração com as autoridades locais, o grupo poderia apresentar propostas fundamentadas em dados e nas votações realizadas na plataforma. Esse processo tenderia a incentivar uma participação ativa na tomada de decisão relacionada à melhoria da acessibilidade na cidade, ampliando as vozes dos cidadãos sobre essa temática.

Seria possível também que órgãos públicos utilizassem diretamente plataformas digitais como essas? Com certeza!

Vocês se lembram do orçamento participativo que vimos na segunda trilha? Pois uma Prefeitura também poderia customizar a plataforma Decidim, por exemplo, para que a ajude a mobilizar grupos nos bairros da cidade e a coletar demandas e propostas para o orçamento público municipal.

E você, enquanto cidadão, pode estimular ambos os lados a adotar tecnologias que ampliem a participação social digital qualificada.

Perceba como a colaboração com o Poder Público local é imprescindível para a implementação daquilo que é proposto pelos grupos sociais. É preciso criar essas sinergias. Assim, ao passo que a participação social complementa os esforços com as necessidades do governo em formular soluções aos desafios locais, as inovações tecnológicas contribuem para processos conjuntos de formulação de políticas públicas, criando conexões valiosas e ainda mais legítimas. Pense assim: quanto mais próxima e "amarrada" estiver uma proposta de política pública com o Poder Público, melhor!

Uma dica importante diz respeito à combinação de ferramentas digitais com espaços e momentos para discussões e colaborações presenciais. Sempre que possível, essa combinação tende a deixar os processos mais ricos e didáticos. Lembre-se sempre de que exercitar a cidadania é também desenvolver habilidades de trabalho em grupo, colaboração, liderança, comunicação, entre outras, sempre a serviço de um propósito maior e coletivo.

Voltando às ferramentas digitais, há algumas experiências interessantes em que diferentes grupos realizam uma "maratona" para criar soluções tecnológicas a um desafio específico. Esse tipo de evento é chamado de *hackathon*. O termo vem da junção das palavras em inglês *hack* ("explorar soluções criativas") e *marathon* ("maratona") e nomeia eventos abertos e colaborativos em que cidadãos, entre eles programadores, designers e outros profissionais, se reúnem para trabalhar de forma intensiva e inovadora em projetos relacionados a determinados desafios urbanos. Durante um *hackathon* de cidadania, por exemplo, os participantes formam equipes, identificam problemas, desenvolvem ideias e produzem protótipos ou soluções práticas em um curto período, que pode variar de horas a alguns dias. Esses eventos visam estimular a criatividade, a cooperação e a rápida produção de soluções tecnológicas ou propostas tangíveis para aprimorar aspectos diversos da vida urbana. Neles, podem ser customizadas ferramentas como as mencionadas anteriormente, mas também desenvolvidas novas soluções.

No âmbito da utilização de tecnologias a favor do exercício da cidadania, um capítulo que se desenha para os próximos anos é o do uso da inteligência artificial voltado à participação social e à formulação de políticas públicas. Essa aplicação tecnológica deverá incluir: análise em tempo real de dados territoriais e de demandas públicas; assistência a tomadas de decisão (especialmente orientadas ao melhor uso de recursos orçamentários e a priorizações de governo); uso de *chatbots* para engajamento cidadão e coleta de demandas e propostas; simulações de políticas e ações governamentais; personalização da experiência dos cidadãos em processos participativos; facilitação do acesso à informação, etc.

Ao adaptar ferramentas digitais, as comunidades podem construir ativamente o cenário da participação cidadã digital. É o empoderamento por meio da customização, que aproxima as ferramentas digitais das necessidades e realidades específicas de cada cidade.

TRILHA DA EDUCAÇÃO POLÍTICA E CIDADÃ

Chegamos à última trilha, que não está aqui por acaso, mas sim como ponto culminante de toda a jornada proposta por este livro.

Ora, se existem tantas possibilidades de exercer a cidadania, por que é que no Brasil ainda participamos tão pouco das decisões públicas? Se você já se perguntou sobre isso, saiba que não está só.

Nesta trilha, veremos a importância de aprender, experimentar e se envolver em processos que aprimoram a participação cidadã. Cada estratégia explorada ao longo das outras trilhas converge para este ponto: a aprendizagem do que significa "ser cidadão".

 # A jornada da educação política e cidadã é um processo contínuo que vai além da transmissão de informações, promovendo o desenvolvimento do pensamento crítico, da capacidade de diálogo e da ação transformadora.

Ao proporcionar que os cidadãos compreendam o exercício da cidadania e ao incentivá-los a se engajarem de forma ativa na vida pública, a educação política e cidadã se torna o alicerce para a construção de um futuro mais justo e equitativo.

Ensinar conceitos políticos básicos, como o funcionamento do Estado e dos Três Poderes, direitos e deveres constitucionais, orçamento público, é fundamental, mas tão importante quanto é o desenvolvimento de competências como diálogo, cooperação, resolução de conflitos e respeito à diversidade. O aprendizado da cidadania se dá no cotidiano, e é preciso perceber que os espaços formativos não apenas podem ocorrer nas escolas, como também em comunidades e outros locais. Cada uma das trilhas e caminhos apresentados neste livro representa oportunidades para o aprendizado da política e da cidadania.

Ao final desta trilha, esperamos que você se sinta com mais vontade de encontrar ou criar espaços que despertem a vivacidade do exercício da cidadania, em especial aqueles de caráter formativo, que provoquem mudanças individuais e coletivas na forma de pensar, sentir e agir.

Vamos adentrar a jornada educacional que encerra nossa exploração das estratégias cidadãs?

TRILHA DA
EDUCAÇÃO
POLÍTICA E
CIDADÃ

#23

PROMOVER ESPAÇOS FORMATIVOS DE EDUCAÇÃO POLÍTICA E CIDADÃ

Em meio a tantas possibilidades de exercer a cidadania e de participar ativamente das decisões públicas, podemos nos perguntar: por que deveríamos nos preocupar com espaços de formação e educação política? E por que considerar a educação política e cidadã como uma estratégia no exercício da cidadania?

As respostas estão na base da construção de uma sociedade mais justa e inclusiva, na qual cada cidadão desempenha um papel ativo e consciente na vida pública. Uma educação política e cidadã é o principal alicerce para que a sociedade brasileira desenvolva o pensamento crítico e o envolvimento político ativo e alinhado aos princípios democráticos.

Por isso, promover espaços de educação política e cidadã em territórios, comunidades, coletivos e escolas é fundamental. É uma estratégia-chave para uma participação social qualificada e um exercício não apenas pleno, mas efetivo da cidadania. Encare como uma estratégia complementar todas as outras formas de exercício de cidadania de que tratamos ao longo deste livro.

Mas como organizar esses espaços? Eles podem estar inseridos em contextos da educação formal, em escolas, mas também podem se estender para outros locais e possibilidades. Inicialmente, temos que compreender que a Constituição Federal já destaca o preparo para o exercício da cidadania como um objetivo central da educação brasileira. Nesse sentido, na Base Nacional Comum Curricular (BNCC) (Brasil, 2017b), o tema aparece de forma intensa e transversal, de modo que os estudantes sejam preparados para o exercício da cidadania e para aplicar os conhecimentos aprendidos diante de situações e problemas da vida cotidiana, tais como: "estabelecer regras de convivência na escola e na comunidade; discutir propostas de ampliação de espaços públicos; e propor ações de intervenção na realidade, tudo visando à melhoria da coletividade e do bem comum". A BNCC recomenda ainda que à noção de cidadania se associem princípios de respeito à diversidade, à pluralidade e aos direitos humanos, conforme temos conversado neste livro.

No entanto, embora a BNCC enfatize a importância do exercício pleno da cidadania, percebemos lacunas que precisam ser preenchidas na educação brasileira. Por isso, aprimorar os conteúdos e a forma como a educação política e cidadã é implementada nas escolas é uma estratégia de suma importância. Uma ação, nesse contexto, é fomentar nas escolas de seu município o desenvolvimento de competências relacionadas ao exercício da cidadania.

Perceba também que a escola em si já é um espaço de experimentação democrática e um campo perfeito para a aplicação de conceitos relacionados à participação cidadã. Os grêmios estudantis, que vimos na trilha do engajamento coletivo, são organizações muito interessantes para o exercício da cidadania, tanto para a escola como para a comunidade envolvida.

No entanto, como mencionamos, a educação política e cidadã não pode se limitar ao ensino formal. E ela pode e deve se estender a demais espaços de nossa vida coletiva.

Por exemplo, é possível promover espaços formativos durante atividades comunitárias, como reuniões de bairro, eventos locais ou grupos de discussão. Assim, você pode convidar professores, palestrantes ou lideranças comunitárias para ministrar conteúdos sobre política e cidadania. A interação com vizinhos, líderes comunitários e outros cidadãos de sua cidade pode proporcionar uma compreensão mais profunda dos desafios e questões locais. Imagine, por exemplo, criar um "clube da cidadania", um espaço aberto a todos na comunidade, com encontros regulares para discussões sobre temas políticos a partir de desafios locais e nacionais.

Neste momento, você pode estar se perguntando: qual conteúdo as pessoas devem aprender?

Para compreender o papel da política e da cidadania em nossa vida e ser capaz de analisar contextos e experiências à luz de conceitos políticos básicos, é importante aprender sobre o funcionamento do Estado, o papel dos Três Poderes (Executivo, Legislativo e Judiciário), os direitos e deveres constitucionais, como funciona o orçamento público, o que são e como acessar políticas públicas, como funciona o sistema eleitoral brasileiro, o que são *fake news* e desinformação, o que é democracia digital, entre outros assuntos. A compreensão das estratégias para exercer a cidadania propostas neste livro também são importantes para que os cidadãos não apenas "saibam o que são", mas que "saibam aplicar", isto é, que consigam ter elementos suficientes para mobilizar conhecimentos, habilidades, atitudes e valores aprendidos em situações cotidianas para o pleno exercício da cidadania.

No entanto, para que essa aplicação prática dos conhecimentos aconteça de forma efetiva, reforçamos que a educação política e cidadã não é apenas sobre entender o funcionamento do Estado ou do sistema eleitoral. Ela precisa ser o alicerce para o desenvolvimento de determinadas competências, como dialogar e cooperar diante dos desafios. Por isso é preciso formar agentes de transformação em nossas comunidades, prontos e aptos a participar ativamente das decisões que impactam nossas vidas.

Alguns desses valores, habilidades e competências, quando trabalhados em conjunto com os conhecimentos sobre política e cidadania, ajudam a promover formas de organização coletiva e a encontrar espaços de reivindicação e participação social, o que facilita a busca por informações, a abertura ao diálogo, a tomada de decisão coletiva e a resolução de conflitos. Além disso, também estão relacionados à percepção e ao acolhimento das diferenças e à compreensão de culturas e perspectivas diversas, servindo como ferramentas para combater qualquer forma de discriminação, preconceito e racismo.

Já pensou se as escolas ensinassem algo parecido? Ou em fazer um curso, teórico e prático, com a seguinte programação?

Política no dia a dia: entenda como ela te afeta

Cidadania ativa: aprenda a agir na prática

Voz cidadã: participe de decisões, não só das eleições

Desigualdade social: entenda as causas para construir um país mais justo

Diálogo e respeito: desenvolva as habilidades de um cidadão completo

***Fake news*:** aprenda a reconhecer e não compartilhe desinformação

Ferramentas digitais: use a tecnologia para transformar sua comunidade

Cidadania: plante e cuide do seu jardim, do seu bairro e do mundo

---

Desejamos, portanto, que você, enquanto agente transformador, perceba que a educação política e cidadã possibilita um amplo desenvolvimento pessoal e coletivo. Ela deve ajudar a promover a formação de lideranças facilitadoras, democráticas e participativas, e incorporar princípios de solidariedade, cooperação, abertura à opinião do outro, consentimento, inclusão, igualdade, acolhimento e visão sistêmica.

Note que compreender de maneira crítica a realidade é também uma habilidade essencial que todos nós devemos desenvolver desde cedo a fim de nos prepararmos para sermos cidadãos ativos e informados, que compreendem as dinâmicas das relações das forças sociais, das raízes da desigualdade social no Brasil, do racismo estrutural, das disparidades de gênero, do abismo entre diferentes regiões e territórios no acesso a políticas públicas e na garantia de direitos como educação, moradia, saúde, saneamento básico, etc., pois não se trata apenas de adquirir conhecimentos, mas de analisar contextos e, indispensavelmente, agir de forma consciente.

Caso você precise de ajuda para promover espaços de formação e educação política e cidadã, procure instituições da sociedade civil que trabalhem com o tema. Por exemplo, organizações como o Instituto Terroá, Fundação Tide Setubal, Oficina Municipal, Politize! e Escola Comum costumam levar aulas, oficinas, cursos, vivências e projetos de educação política e cidadã para diversos territórios brasileiros. Mas lembre-se de que você também pode reunir professores e lideranças em sua cidade para levar esse tipo de conhecimento para uma determinada escola, coletivo ou comunidade.

E tenha isso em mente: a ação começa com o conhecimento, o questionamento e a participação ativa. A voz do cidadão é essencial, e a educação política e cidadã é uma ferramenta poderosa que nos capacita para a construção de um futuro mais democrático, inclusivo e participativo.

CONHEÇA AS INICIATIVAS MENCIONADAS NESTA ESTRATÉGIA

Instituto Terroá
https://www.institutoterroa.org/

Fundação Tide Setubal
https://fundacaotidesetubal.org.br/

Oficina Municipal
https://oficinamunicipal.org.br/

Politize!
https://www.politize.com.br/

Escola Comum
https://escolacomum.org/

PRINCÍPIOS PARA O EXERCÍCIO DA CIDADANIA

Sejam quais forem as trilhas escolhidas, é importante caminhar junto a valores e princípios que mantenham você dentro de uma jornada verdadeiramente ética e democrática. Ainda que tenhamos problemas sérios e complexos a serem combatidos e enfrentados, não devemos confundir luta social com guerra. É preciso construir ágoras, e não arenas, para vencermos a cultura do ódio e da violência política pelos caminhos da cooperação e da transformação social. E que saibamos utilizar nossa indignação de forma correta. Paulo Freire (1996), nossa grande referência na área da educação, nos fala sobre a importância da "justa raiva", que é o sentimento de indignação diante de questões como fome, miséria, violência, etc. Essa raiva justa serve como combustível para práticas relacionadas ao exercício da cidadania.

Podemos também relacionar o exercício da cidadania ao chamado "ativismo delicado", proposto pelo pensador sul-africano Allan Kaplan (2014), que sugere ser preciso ter sensibilidade na mobilização e organização de espaços democráticos visando compreender as complexidades locais, dar ouvidos a diversas vozes e estabelecer conexões que respeitem as singularidades de cada comunidade. O ativismo delicado enfatiza a importância da comunicação respeitosa, da escuta ativa e do diálogo construtivo. Ao adotar essa abordagem, os cidadãos podem instigar mudanças significativas e manter acesa a chama da participação e da inclusão.

A seguir, sugerimos um conjunto de princípios que podem nos ajudar a canalizar nossos sentimentos e valores para a realização de ações que estejam comprometidas com o sentido da esperança e da transformação do mundo.

Inclusão, diversidade e representatividade

A promoção de ambientes inclusivos, nos quais cada cidadão se sinta respeitado em sua singularidade, é essencial para a construção de uma cidadania plena. A inclusão vai além da presença nesses espaços; trata-se de garantir que todos tenham voz e participação efetiva. É preciso assegurar a todos acesso a informações, recursos e possibilidades para que tenham uma presença de qualidade em espaços de diálogo. Do mesmo modo, é fundamental reconhecer e celebrar que as diferentes perspectivas, origens e identidades fortalecem a representatividade na esfera pública, com atenção especial a grupos sociais historicamente impedidos de maior participação política, como a população negra, mulheres, jovens periféricos, pessoas com deficiência, população LGBTQIAPN+, indígenas, povos e comunidades tradicionais, entre outros. Além disso, sempre vale ressaltar que combater o racismo de forma ativa é um pressuposto democrático.

O princípio da inclusão também pede que estejamos atentos a nuances culturais e contextuais ao abordar uma causa, certificando-nos de que as ações sejam sensíveis a elas e respeitem as diversidades. É preciso garantir a diversidade para que as soluções e decisões públicas reflitam a pluralidade e as reais necessidades da sociedade.

Horizontalidade

No contexto da participação cidadã, a horizontalidade visa equalizar as relações em espaços participativos. Isso resulta na valorização de todas as vozes de forma equitativa, sem hierarquias que limitem a contribuição de qualquer cidadão. Em um espaço verdadeiramente horizontal, as decisões são tomadas de maneira colaborativa, respeitando a autonomia e a expertise de cada indivíduo, a despeito das relações de forças existentes em nossa sociedade. Elas rompem com estruturas tradicionais de poder, fomentam a coletividade e a cooperação e garantem que cada participante tenha influência real nas discussões e ações.

Reconhecimento do protagonismo

Esse princípio destaca a importância de identificar e valorizar os verdadeiros protagonistas em um determinado processo participativo. Isso implica direcionar a atenção e dar voz àqueles que são mais diretamente impactados por uma decisão, projeto ou política pública. Ou seja, é preciso observar quem vivencia de forma mais imediata e significativa os efeitos de uma ação que esteja em discussão. Por exemplo, em uma audiência pública, os protagonistas devem ser os indivíduos ou comunidades afetados por impactos positivos ou negativos da medida em debate. Desse modo, é preciso garantir que suas vozes tenham destaque nas tomadas de decisão. Isso não diminui a importância de outras contribuições, como a expertise de especialistas ou a visão estratégica de tomadores de decisão, mas coloca um foco especial naqueles que têm uma relação mais próxima com os desdobramentos práticos das escolhas em discussão.

Disposição ao diálogo

Fomentar a disposição ao diálogo envolve criar espaços nos quais a escuta ativa e a compreensão mútua sejam incentivadas, o que contribui para a construção colaborativa de propostas e políticas públicas. Nesse contexto, é essencial encorajar a expressão de diferentes perspectivas e opiniões, promovendo um entendimento mais amplo das demandas e preocupações da comunidade. A disposição ao diálogo não se limita apenas à comunicação entre os participantes, mas também abrange a abertura para o entendimento das experiências, necessidades e expectativas de cada indivíduo ou grupo envolvido. Essa abordagem fortalece a qualidade das discussões, além de contribuir para a formulação de políticas públicas mais alinhadas com as reais demandas e aspirações das pessoas.

Cooperação entre instituições

O exercício pleno da cidadania raramente ocorre de maneira isolada. Ainda que um grupo engajado de cidadãos possa percorrer uma trilha própria de participação social, a cooperação entre diferentes coletivos e organizações pode contribuir para o enfrentamento de questões complexas de forma mais abrangente e eficaz. A possibilidade de integração de agendas e a construção de uma rede de colaboração, mesmo que momentânea, na qual cada entidade contribui com suas competências e perspectivas, podem trazer maior efetividade na busca por soluções locais. Ao envolver órgãos governamentais, organizações sociais e instituições de ensino, por exemplo, um grupo de cidadãos engajados ajuda a fomentar um ambiente propício para a troca de conhecimentos, recursos e estratégias. Nesse cenário, a cooperação vai além de simples parcerias, ela ajuda a construir soluções mais completas e equitativas, proporcionando uma cidadania participativa que transcende a atuação de cada coletivo ou instituição individualmente.

Facilitação para a colaboração e inteligência coletiva

Tão necessário quanto promover ou participar de espaços de cidadania é proporcionar que esses ambientes sejam organizados a partir de facilitações participativas, a fim de intensificar a colaboração e a inteligência coletiva. A facilitação de processos refere-se a um conjunto de técnicas e abordagens utilizadas para tornar as interações de grupo mais eficientes, incentivando participação ativa, diálogo construtivo e tomadas de decisão colaborativas. Para o contexto dos espaços de cidadania, há um estímulo à cocriação de soluções e à geração de ideias inovadoras para impulsionar a busca por respostas mais abrangentes e eficazes. O facilitador busca garantir a expressão de diferentes perspectivas, para que todos tenham voz e influência no processo decisório. Por isso é tão importante estabelecer um processo metodológico eficaz sempre que diferentes pessoas se reunirem com o objetivo de utilizar sua inteligência coletiva para o bem comum. Assim, um bom processo de facilitação ajuda o grupo a encontrar pontos comuns entre os participantes e gerenciar potenciais conflitos de maneira produtiva. Isso contribui para a construção de decisões que reflitam a vontade coletiva.

Sustentabilidade

Adotar a sustentabilidade como princípio para o exercício da cidadania significa comprometer-se com ações que garantam a saúde do planeta e o bem-estar das gerações atuais e futuras, o que envolve a implementação de práticas que minimizem o impacto ambiental, promovam o uso consciente dos recursos e assegurem uma distribuição justa das oportunidades econômicas. A sustentabilidade também implica a proteção e conservação dos ecossistemas naturais, o fomento a comunidades e cidades mais resilientes, além do desenvolvimento de economias inclusivas que reduzam as desigualdades sociais. Integrar a sustentabilidade ao cerne da cidadania fortalece a responsabilidade coletiva de construção de uma sociedade alinhada aos Objetivos de Desenvolvimento Sustentável (ODS) da Organização das Nações Unidas (ONU). Esses objetivos incluem o combate à pobreza, a garantia de educação de qualidade, a promoção da igualdade de gênero, bem como a promoção da saúde e do bem-estar, o estímulo ao trabalho digno e ações contra as mudanças climáticas globais. A adoção desses princípios reflete um compromisso com metas globais que visam a um futuro mais justo e próspero, reforçando a urgência e a relevância de práticas sustentáveis em todas as esferas de atuação cidadã.

COMO TRAÇAR SUA ROTA

Você já deve ter notado que são muitas as possibilidades de atuação para que possamos tentar assegurar nossos direitos e implementar melhorias na cidade.

Neste livro, foram apresentadas oito trilhas, mas é preciso elaborar uma abordagem estratégica e organizada para que você possa construir a sua própria rota. Isso significa que você pode utilizar diferentes estratégias de mais de uma trilha que apresentamos aqui.

Vamos simplificar essa explicação com um exemplo: suponha que você e seu grupo queiram reivindicar melhorias na merenda escolar do município.

Antes de tudo, é importante mencionar que não existe uma receita pronta, uma sequência de fases que se aplique a todos os casos, mas vamos sugerir dez passos que podem contribuir para a construção de uma rota própria estruturada e mais eficiente. Acompanhe a leitura das etapas a seguir. No próximo capítulo, você vai montar a sua própria trilha!

1. Identifique o problema

Determine claramente qual é o problema ou a melhoria desejada. No nosso exemplo, seria a qualidade da merenda escolar oferecida nas escolas municipais. Lembre-se do capítulo "Conhecer e sonhar a cidade ideal", que ajudará você a visualizar os resultados e impactos desejados.

2. Forme um grupo

Reúna cidadãos interessados nessa causa. O engajamento coletivo fortalece a voz e amplia o impacto. Considere investir um tempo de qualidade para que o grupo possa sonhar junto sobre os resultados esperados e balizar as expectativas e valores comuns aos membros, além de promover acordos importantes para seguirem juntos nesse processo.

3. Escolha as estratégias

Explore as diversas trilhas disponíveis, considerando a natureza do problema relacionado. Por exemplo, em relação à merenda escolar, é possível optar por:

- # Participar ou buscar apoio no Conselho Municipal da Educação (*Estratégia 5 – Trilha da participação social*).
- # Organizar uma campanha em prol da merenda de qualidade (*Estratégia 3 – Trilha do engajamento coletivo*).
- # Utilizar plataformas digitais para amplificar sua mensagem (*Estratégia 21 – Trilha da participação digital*).

4. Planeje a abordagem

Desenvolva um plano detalhado, estabelecendo metas, prazos e responsáveis para cada estratégia escolhida.

5. Adapte para sua realidade

Considere as especificidades de sua cidade e adapte as estratégias para atender às necessidades locais, à cultura política e à capacidade do seu grupo de realizar as ações estabelecidas.

6. Crie novas alianças

Avalie a possibilidade de buscar novas parcerias que estejam alinhadas à causa, como organizações, escolas, empresas locais, universidades ou outros grupos que compartilhem os mesmos interesses.

7. Promova ações de educação política e cidadã

Ao longo do processo, se possível, aproveite a oportunidade para incluir ações de educação política e cidadã que informem e conscientizem outros cidadãos do município sobre a importância da merenda escolar e os direitos envolvidos nessa demanda (*Estratégia 23*).

8. Utilize outros recursos e estratégias disponíveis

Enquanto aguarda os resultados das estratégias executadas, aproveite para testar novas possibilidades que não haviam sido priorizadas inicialmente, por exemplo utilizar a ouvidoria pública do município, para registrar as demandas (*Estratégia 9*), ou solicitar o apoio de órgãos judiciais, quando necessário (*Estratégia 15*).

9. Seja persistente e mantenha o engajamento

A conquista de direitos muitas vezes requer persistência. Continue pressionando e mantendo a comunicação aberta com as autoridades. Manter o engajamento do grupo de cidadãos envolvido nas ações também é fundamental, por isso determinem a periodicidade dos encontros de acompanhamento dos resultados.

10. Avalie e ajuste

Periodicamente, avalie os progressos, ajuste as estratégias quando necessário e celebre as conquistas alcançadas.

Montar uma trilha para reivindicar direitos é um processo dinâmico e envolvente. Ao seguir esses passos, você e seu grupo estarão mais bem preparados para efetuar mudanças positivas em sua comunidade. O próximo passo é criar sua própria trilha, então que tal pegar um lápis ou caneta?

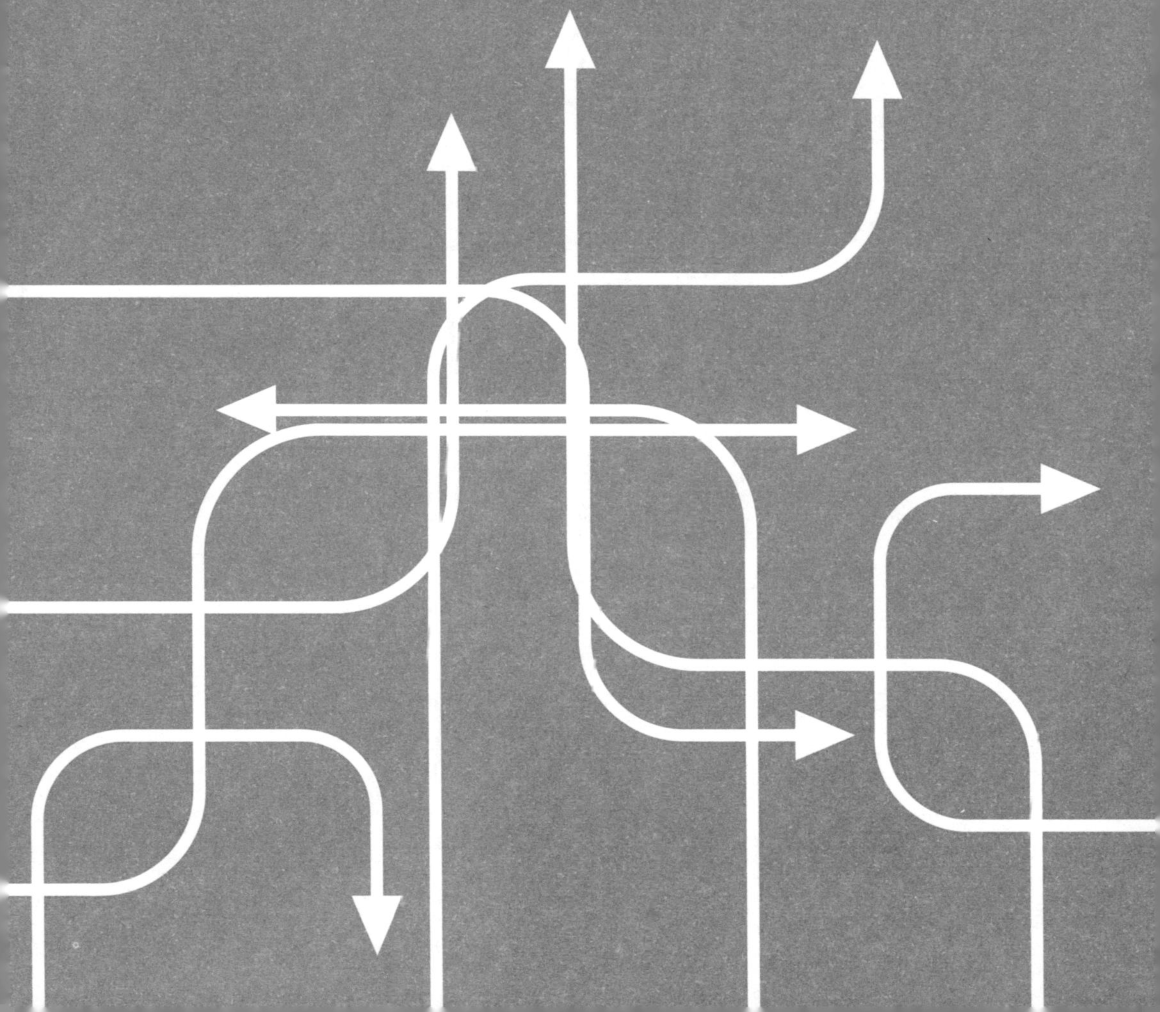

EXERCÍCIO: CRIE SEU PRÓPRIO CAMINHO

Chegamos a um momento especial em nossa jornada pelo universo da cidadania ativa. No capítulo anterior, você pôde acompanhar dez passos sobre como traçar uma rota estratégica para atuar de forma assertiva em busca de melhorias em sua cidade. Agora, o convite é dar um passo adiante, pois este capítulo é um exercício prático para desenvolver uma ação direta e significativa.

Trata-se de uma atividade interativa, na qual serão apresentadas perguntas e, ao respondê-las, você terá a oportunidade de identificar problemas, visualizar soluções ideais, escolher estratégias específicas e planejar abordagens adaptadas à sua realidade local. É o momento de colocar ideias em ação e construir a sua própria rota de engajamento cidadão.

Ao final deste capítulo, a expectativa é que você tenha delineado uma rota única, alinhada aos valores e necessidades de seu grupo ou comunidade, pronta para ser trilhada rumo a uma cidadania ativa e efetiva. Prepare lápis ou caneta e mãos à obra: a construção do seu caminho começa agora!

Qual o seu sonho para o lugar onde mora?

Considere a importância do sonhar e do esperançar antes de dar início à sua rota. Por alguns instantes, imagine e descreva como você gostaria que fosse sua comunidade, bairro ou município.

#____

____

____

____

____

____#

Qual o problema ou a oportunidade que você deseja resolver em sua comunidade ou cidade?

Escolha apenas uma demanda específica. Determine claramente qual problema precisa ser solucionado ou a oportunidade para a melhoria desejada.

#____

____

____

____

____

____

____#

Quais outras pessoas, coletivos, movimentos ou organizações poderiam se interessar pelo tema e juntar-se a você para buscar uma solução?

Reúna cidadãos e organizações interessadas na mesma causa. O engajamento coletivo fortalece a voz e amplia o impacto. Sonhem juntos como seria o contexto ideal. Lembre-se da importância do sonhar coletivo antes de apenas dar foco ao problema.

#______________________________

______________________________#

Com base nas 23 estratégias apresentadas neste livro, quais mais fazem sentido para o seu contexto?

Explore as diversas trilhas disponíveis, considerando a natureza do problema, e identifique com um "X" as melhores estratégias para o seu caso. A sugestão é que você escolha inicialmente de duas a três estratégias. Depois, você pode ir aumentando a quantidade, a depender dos resultados e da complexidade do problema. Considere se a obtenção primária de informações deverá entrar como estratégia, se necessário.

TRILHA DO ENGAJAMENTO COLETIVO
[ ] Realizar mobilizações comunitárias
[ ] Engajar-se em organizações sociais, redes locais ou movimentos sociais
[ ] Organizar campanhas e petições
[ ] Participar de um partido político ou mandato coletivo
TRILHA DA PARTICIPAÇÃO SOCIAL
[ ] Participar de conselhos municipais
[ ] Acompanhar audiências e consultas públicas
[ ] Participar do orçamento participativo
[ ] Participar de conferências temáticas de políticas públicas
TRILHA DAS PROPOSTAS CIDADÃS
[ ] Solicitar compromissos públicos de candidatos a prefeito e vereadores
[ ] Organizar eventos para a cocriação de soluções públicas
[ ] Propor um projeto de lei
TRILHA DA FISCALIZAÇÃO E CONTROLE SOCIAL
[ ] Utilizar a ouvidoria pública
[ ] Montar um grupo de acompanhamento da Câmara dos Vereadores
[ ] Articular uma iniciativa de fiscalização dos recursos públicos
[ ] Acionar o Ministério Público

TRILHA DA TRANSPARÊNCIA PÚBLICA
[ ] Informar-se pelos Portais da Transparência e solicitar informações públicas
[ ] Aprender a checar notícias e combater *fake news*
TRILHA DA INOVAÇÃO POLÍTICA
[ ] Organizar um observatório cidadão
[ ] Propor a realização de um minipúblico
[ ] Criar um parlamento jovem
TRILHA DA PARTICIPAÇÃO DIGITAL
[ ] Utilizar tecnologias de participação e ativismo digital
[ ] Adaptar ou criar ferramentas digitais
TRILHA DA EDUCAÇÃO POLÍTICA E CIDADÃ
[ ] Promover espaços formativos de educação política e cidadã

Quais novas alianças podem ser conquistadas?

Além do seu grupo, existem coletivos ou organizações, como escolas, associações, empresas ou universidades que poderiam se somar a essa causa? Se sim, cite-os aqui e indique a melhor forma de contatá-los.

#____

____

____

____

____

____#

Quais ações de educação política e cidadã poderiam contribuir com essa causa?

Caso seja possível, ao longo do processo, identifique quais ações de educação política e cidadã poderiam ser incluídas na sua rota, como palestras, cursos, campanhas de conscientização, eventos presenciais ou on-line, etc. Se conhecer instituições ou pessoas que possam ajudar, anote aqui também.

#____

____

____

____

____

____#

Existem outras estratégias cidadãs que poderiam ser adotadas?

Considere mais duas ou três estratégias que podem ser implementadas se as ações iniciais não derem resultados satisfatórios.

#____

____

____

____

____

____#

Como você planeja aplicar essas estratégias para abordar o problema identificado?

Desenvolva um plano detalhado, estabelecendo metas, prazos e responsabilidades para cada estratégia escolhida. Esse planejamento poderá ser refeito junto com o seu grupo, assim como a escolha das estratégias, mas, por enquanto, continue redigindo como uma forma de exercitar o seu aprendizado.

Quais ações devem ser feitas?	
Como realizá-las?	
Quando?	
Quem serão os responsáveis?	

Como pretende manter o engajamento de seu grupo e o diálogo aberto com os órgãos públicos?

Descreva a periodicidade dos encontros de seu grupo, um possível local de realização de reuniões, qual pode ser o principal canal de comunicação, entre outros detalhes que ajudem a manter o engajamento. Identifique também possíveis formas de manutenção do diálogo com os órgãos responsáveis pela demanda levantada, como uma secretaria municipal, por exemplo.

#____

____#

Como você descreveria a situação ideal após a resolução do problema?

Exercite sempre a visualização do resultado que espera alcançar, de acordo com os direitos que lhe são resguardados e os sonhos que almeja para sua comunidade ou cidade.

#____

____#

A ESTRADA DA CIDADANIA É INFINITA

Ao longo das trilhas apresentadas neste livro, exploramos algumas estratégias de participação social e aprendemos que contribuir para uma sociedade participativa vai além do voto: requer ação, estratégia e conexão com o coletivo. Neste ponto final de nossa caminhada juntos, reflita sobre os próximos passos de sua jornada cidadã. Como você planeja ampliar direitos, promover acesso à cidade e fomentar a inclusão social? A estrada da participação traz um convite permanente à criatividade política e ao engajamento. Em que medida sua ação individual se entrelaça com o bem coletivo? Como cada passo seu contribui para fortalecer a cidadania em seu território?

Lembre-se: a jornada cidadã ganha força quando trilhada em conjunto. Busque alianças, una-se a movimentos, coletivos ou organizações locais que compartilhem interesses similares aos seus. A colaboração amplifica a voz cidadã, provocando uma sinergia poderosa para enfrentar desafios e promover mudanças. Crie grupos de trabalho, promova eventos comunitários, inicie campanhas locais. As estratégias cidadãs apresentadas neste livro são ferramentas práticas, adaptáveis à sua realidade. Comece pequeno, de maneira simplificada, avalie resultados e expanda conforme necessário.

A educação política e cidadã também deve ser um farol constante nessa estrada que desemboca na conquista dos direitos sociais. Por isso, invista em sua formação, esteja atualizado sobre questões locais e nacionais. Participe de cursos, palestras e mantenha-se informado. O conhecimento é uma base importante para que possamos contribuir de forma cada vez mais significativa. Estabeleça desafios pessoais que o inspirem a agir e a promover mudanças positivas.

Na infinitude da estrada da cidadania, a participação de cada cidadão é vital para a construção de comunidades e cidades mais justas, inclusivas e democráticas. No fim das contas, a estrada é definida por aqueles que decidem nela caminhar. Com tantas estratégias e recursos possíveis, você já pode botar o pé na estrada. O futuro da cidadania é construído passo a passo. E eu lhe pergunto:

Qual será o próximo passo da sua jornada?

UMA PALAVRA FINAL: O PONTO DE PARTIDA

Cara cidadã,
Caro cidadão,

Este não é o fim, mas um novo começo. Este livro é um convite para transcender as palavras e se tornar a própria narrativa da cidadania.

Então, imagine: esta não é uma página final, mas o ponto de partida para sua jornada cidadã. Aqui, não paramos de aprender, agir e transformar. Retire as páginas deste capítulo final e coloque-as em um lugar onde possa enxergá-las cotidianamente, para que assim se lembre da importância de construir algo novo, algo que vá além deste livro.

Este é o seu manifesto da cidadania. Há um espaço para suas palavras, seus desejos e as ações que deseja realizar. É um contrato consigo mesmo, uma declaração de empoderamento cidadão.

Explore sua criatividade e comece a escrever o próximo capítulo da sua jornada cidadã. Deixe suas marcas, suas ideias, suas ações.

Vamos começar?

O que anseio e pretendo realizar é:

Com coragem e cidadania,

Assinado por:

REFERÊNCIAS

ALVES, Rubem. **Conversas sobre política**. Campinas: Verus, 2002.

BEITUM, Luís Fernando Iozzi; MORGADO, Renato Pellegrini; PALMIERI, Roberto Hoffmann. **Como participar do orçamento público de Piracicaba**. 1. ed. Piracicaba: Imaflora, 2013. Disponível em: https://www.imaflora.org/public/media/biblioteca/51b713685d142_Cartlha_OP_digital_final.pdf. Acesso em: 26 mar. 2025.

BENEVIDES, Maria Victória de Mesquita. **A cidadania ativa**: referendo, plebiscito e inciativa popular. São Paulo: Ática, 1991.

BETTO, Frei. **Por uma educação crítica e participativa**. Rio de Janeiro: Anfiteatro, 2018.

BOAL, Augusto. **Teatro legislativo**. Rio de Janeiro: Civilização Brasileira, 1996.

BOFF, Leonardo. **Depois de 500 anos**: que Brasil queremos? Petrópolis: Vozes, 2000.

BRASIL. **Constituição da República Federativa do Brasil**. Brasília, DF: Senado Federal, 1988.

BRASIL. **Lei nº 12.527, de 18 de novembro de 2011**. Regula o acesso a informações previsto no inciso XXXIII do art. 5º, no inciso II do § 3º do art. 37 e no § 2º do art. 216 da Constituição Federal. Disponível em: https://www.planalto.gov.br/ccivil_03/_ato2011-2014/2011/lei/l12527.htm. Acesso em: 21 maio 2025.

BRASIL. **Lei nº 13.019, de 31 de julho de 2014**. Estabelece o regime jurídico das parcerias voluntárias, envolvendo ou não transferências de recursos financeiros, entre a administração pública e as organizações da sociedade civil, em regime de mútua cooperação, para a consecução de finalidades de interesse público; define diretrizes para a política de fomento e de colaboração com organizações da sociedade civil; institui o termo de colaboração e o termo de fomento; e altera as Leis nºs 8.429, de 2 de junho de 1992, e 9.790, de 23 de março de 1999. Disponível em: https://www.planalto.gov.br/ccivil_03/_ato2011-2014/2014/lei/l13019.htm. Acesso em: 21 maio 2025.

BRASIL. **Lei nº 13.146, de 6 de julho de 2015**. Institui a Lei Brasileira de Inclusão da Pessoa com Deficiência (Estatuto da Pessoa com Deficiência). Disponível em: https://www.planalto.gov.br/ccivil_03/_ato2015-2018/2015/lei/l13146.htm. Acesso em: 21 maio 2025.

BRASIL. **Lei nº 13.460, de 26 de junho de 2017**. Dispõe sobre participação, proteção e defesa dos direitos do usuário dos serviços públicos da administração pública.

Disponível em: https://www.planalto.gov.br/ccivil_03/_ato2015-2018/2017/lei/l13460.htm. Acesso em: 21 maio 2025.

BRASIL. Ministério da Educação. **Base Nacional Comum Curricular**. Brasília, DF: MEC, 2017b.

BRASIL. Ministério das Cidades. Secretaria Nacional de Saneamento Ambiental. Sistema Nacional de Informações sobre Saneamento (SNIS). **Diagnóstico temático serviços de água e esgoto**: visão geral. Brasília, DF: Ministério das Cidades, 2023. Disponível em: https://www.gov.br/cidades/pt-br/acesso-a-informacao/acoes-e-programas/saneamento/snis/produtos-do-snis/diagnosticos/DIAGNOSTICO_TEMATICO_VISAO_GERAL_AE_SNIS_2023.pdf. Acesso em: 19 maio 2025.

BRASIL. Ministério do Empreendedorismo, da Microempresa e da Empresa de Pequeno Porte (MEMP). Dia Internacional do Empreendedorismo Feminino: estudo revela desafios e oportunidades para mulheres empreendedoras. **gov.br**, 21 nov. 2024. Disponível em: https://www.gov.br/memp/pt-br/assuntos/noticias/dia-internacional-do-empreendedorismo-feminino-estudo-revela-desafios-e-oportunidades-para-mulheres-empreendedoras. Acesso em: 21 maio 2025.

BRASIL. Secretaria-Geral da Presidência da República. Ministro Márcio Macêdo recepciona Conselho Nacional de Economia Solidária no Palácio do Planalto. **gov.br**, 2 abr. 2025. Disponível em: https://www.gov.br/secretariageral/pt-br/noticias/2025/abril/ministro-marcio-macedo-recepciona-conselho-nacional-de-economia-solidaria-no-palacio-do-planalto. Acesso em: 21 maio 2025.

BRITTO, Vinícius. Em 2022, Brasil tinha 14,6 milhões de microempreendedores individuais. **Agência IBGE Notícias**, 2 dez. 2024. Disponível em: https://agenciadenoticias.ibge.gov.br/agencia-noticias/2012-agencia-de-noticias/noticias/41046-em-2022-brasil-tinha-14-6-milhoes-de-microempreendedores-individuais. Acesso em: 21 maio 2025.

CARDOSO, Antonio Semeraro Rito. Ouvidorias públicas e democracia. *In*: SÁ E SILVA, Fábio de; LOPEZ, Felix Garcia; PIRES, Roberto Rocha C. (org.). **Estado, instituições e democracia**: democracia. Brasília: Ipea, 2010. v. 2.

CARSON, Lyn; ELSTUB, Stephen. **Comparing participatory and deliberative democracy**. Research and Development Note. Sidney: newDemocracy Foundation, 21 fev. 2019.

CARVALHO, José Murilo de. **Cidadania no Brasil**: longo caminho. Rio de Janeiro: Civilização Brasileira, 2008.

CARVALHO, Maria do Carmo A. A.; RIBEIRO, Matilde (org.). **Gênero e raça nas políticas públicas**: experiências em Santo André-SP. São Paulo: Pólis, 2001.

CLIMAINFO. Mudanças climáticas aumentaram em 25% o número de dias seguidos sem chuva no Brasil. **ClimaInfo**, 29 set. 2024. Disponível em: https://climainfo.org.br/2024/09/29/mudancas-climaticas-aumentaram-em-25-o-numero-de-dias-seguidos-sem-chuva-no-brasil/. Acesso em: 21 maio 2025.

COSTA, Maria Izabel Sanches; IANNI, Aurea Maria Zöllner. O conceito de cidadania. *In*: COSTA, Maria Izabel Sanches; IANNI, Aurea Maria Zöllner. **Individualização, cidadania e inclusão na sociedade contemporânea**: uma análise teórica. São Bernardo do Campo: Editora UFABC, 2018.

CUNHA, Eleonora Schettini Martins. **Aprofundando a democracia**: o potencial dos conselhos de políticas e orçamentos participativos. Dissertação (Mestrado) – Departamento de Ciência Política, Universidade Federal de Minas Gerais, Belo Horizonte, 2004.

DAGNINO, Evelina. Sociedade civil e espaços públicos no Brasil. *In*: DAGNINO, Evelina (org.). **Sociedade civil e espaços públicos no Brasil**. São Paulo: Paz e Terra, 2002.

DAGNINO, Evelina. Sociedade civil, participação e cidadania: de que estamos falando? *In*: MATO, Daniel (org.). **Políticas de ciudadanía y sociedad civil en tiempos de globalización**. Caracas: FaCes/Universidad de Venezuela, 2004.

DAGNINO, Evelina; TATAGIBA, Luciana (org.). **Democracia, sociedade civil e participação**. Chapecó: Editora Argos, 2007.

DEPARTAMENTO INTERSINDICAL DE ESTATÍSTICA E ESTUDOS SOCIOECONÔMICOS (DIEESE). As dificuldades da população negra no mercado de trabalho. **Boletim Especial 20 de novembro de 2023 – Dia da Consciência Negra**. São Paulo: DIEESE, 2023.

ESTADÃO CONTEÚDO. Nem metade dos hospitais e escolas do Brasil têm rampa para cadeirantes. **UOL Notícias**, 17 abr. 2025. Disponível em: https://noticias.uol.com.br/ultimas-noticias/agencia-estado/2025/04/17/nem-metade-dos-hospitais-e-escolas-do-brasil-tem-rampa-para-cadeirantes.htm. Acesso em: 21 maio 2025.

FARIA, Claudia Feres. Fóruns participativos, controle democrático e a qualidade da democracia no Rio Grande do Sul: a experiência do governo Olívio Dutra (1999-2002). **Opinião Pública**, v. 12, p. 378-406, 2006.

FEIJÓ, Janaína; PERUCHETTI, Paulo. Jovens no mercado de trabalho. **Blog do IBRE**, 11 abr. 2025. Disponível em: https://blogdoibre.fgv.br/posts/jovens-no-mercado-de-trabalho. Acesso em: 21 maio 2025.

FENG, Xiaoqi; ASTELL-BURT, Thomas. Do greener areas promote more equitable child health? **Health & Place**, v. 46, p. 267-273, 2017.

FOOD AND AGRICULTURE ORGANIZATION OF THE UNITED NATIONS (FAO). **The State of Food and Agriculture 2019**: moving forward on food loss and waste reduction. Rome: FAO, 2019.

FREIRE, Paulo. **Pedagogia da autonomia**: saberes necessários à prática educativa. São Paulo: Paz e Terra, 1996.

FREIRE, Paulo. **Pedagogia da esperança**: um reencontro com a pedagogia do oprimido. 17. ed. São Paulo: Paz e Terra, 2011.

FREIRE, Paulo. **Pedagogia do oprimido**. 5. ed. Rio de Janeiro: Paz e Terra, 1978.

GENTIL, Cristine. Como a rede de abaixo-assinados Change.org Brasil ganhou 12 milhões de usuários e se tornou sustentável. **Projeto Draft**, 24 maio 2018. Disponível em: https://www.projetodraft.com/como-a-rede-de-abaixo-assinados-change-brasil-ganhou-12-milhoes-de-usuarios-e-se-tornou-sustentavel/. Acesso em: 21 maio 2025.

GOHN, Maria da Glória. **Conselhos gestores e participação sociopolítica**. São Paulo: Cortez, 2001.

INSTITUTO BRASILEIRO DE GEOGRAFIA E ESTATÍSTICA (IBGE). **Censo demográfico 2022**: resultados preliminares. Rio de Janeiro: IBGE, 2023a. Disponível em: https://censo2022.ibge.gov.br/ Acesso em: 25 abr. 2025.

INSTITUTO BRASILEIRO DE GEOGRAFIA E ESTATÍSTICA (IBGE). **Educação 2022**. Rio de Janeiro: IBGE, 2023b. (Pesquisa Nacional por Amostra de Domicílios Contínua – PNAD Contínua).

INSTITUTO BRASILEIRO DE GEOGRAFIA E ESTATÍSTICA (IBGE). **Pesquisa de Informações Básicas Municipais**. 2024. Disponível em: https://cidades.ibge.gov.br/brasil/pesquisa/22/28120. Acesso em: 21 abr. 2025.

INSTITUTO BRASILEIRO DE GEOGRAFIA E ESTATÍSTICA (IBGE). **Pesquisa Nacional de Saúde – PNS 2019**. Rio de Janeiro: IBGE, 2020. Disponível em: https://www.ibge.gov.br/estatisticas/sociais/saude/9160-pesquisa-nacional-de-saude.html. Acesso em: 25 abr. 2025.

INTERGOVERNMENTAL PANEL ON CLIMATE CHANGE (IPCC). Summary for Policymakers. *In*: **Climate Change and Land**: an IPCC special report on climate change, desertification, land degradation, sustainable land management, food security, and greenhouse gas fluxes in terrestrial ecosystems. [SHUKLA, Priyadarshi R. *et al.* (eds.).]. 2019.

ITAÚ CULTURAL. Painel de dados do Observatório Itaú Cultural. **Itaú Cultural**, [2020]. Disponível em: https://www.itaucultural.org.br/observatorio/paineldedados/

pesquisa/produto-interno-bruto-pib-da-economia-da-cultura-e-das-industrias--criativas-ecic. Acesso em: 19 maio 2025.

JACOBI, Pedro Roberto. **Movimentos sociais e políticas públicas**. São Paulo: Cortez, 1989.

KAPLAN, Allan. **Artistas do invisível**: processo social e o profissional de desenvolvimento. São Paulo: Peirópolis, 2005.

KAPLAN, Allan; DAVIDOFF, Sue. **A delicate activism**: a phenomenological approach to change. Cidade do Cabo: Proteus Initiative, 2014.

MAPBIOMAS. Área queimada no Brasil cresce 79% em 2024 e supera os 30 milhões de hectares. **MapBiomas**, 22 jan. 2025. Disponível em: https://brasil.mapbiomas.org/2025/01/22/area-queimada-no-brasil-cresce-79-em-2024-e-supera-os-30-milhoes-de-hectares/. Acesso em: 21 maio 2025.

MARTELLI, Carla Giani; JARDIM, Maria Chaves; GIMENES, Éder Rodrigo (org.). **Participação política e democracia no Brasil contemporâneo**. São Paulo: Cultura Acadêmica, 2018.

MARTELLI, Carla Giani; PIRES, Valdemir; ROMÃO, Wagner de Melo (org.). **Participação política no Brasil**: ação coletiva e interfaces socioestatais. São Paulo: Cultura Acadêmica, 2014. (Coleção PROPG digital – Unesp).

MOBILIZE BRASIL. Quase 120 milhões moram em ruas sem acessibilidade, aponta IBGE. **Mobilize Brasil**, 17 abr. 2025. Disponível em: https://www.mobilize.org.br/noticias/14301/quase-120-milhoes-moram-em-ruas-sem-acessibilidade-aponta-ibge.html. Acesso em: 21 maio 2025.

MOURA, Bruno de Freitas. Só 6,9% das áreas urbanas do país são cobertas por vegetação. **Agência Brasil**, 19 jul. 2024. Disponível em: https://agenciabrasil.ebc.com.br/geral/noticia/2024-07/so-69-das-areas-urbanas-do-pais-sao-cobertas-por-vegetacao. Acesso em: 21 maio 2025.

ORGANISATION FOR ECONOMIC CO-OPERATION AND DEVELOPMENT (OECD). **Innovative Citizen Participation and New Democratic Institutions**: catching the deliberative wave. Paris: OECD Publishing, 2020.

PATEMAN, Carole. Participatory democracy revisited. **Perspectives on Politics**, v. 10, n. 1, p. 7-19, 2012.

PATINI, Daniel. As cidades e os eventos climáticos extremos: estamos preparados? **Portal Unifesp**, 20 maio 2025. Disponível em: https://portal.unifesp.br/destaques/cidades-eventos-climaticos-extremos. Acesso em: 21 maio 2025.

ROEBELING, Ger; DE VRIES, Jan. **Advocacy and policy influencing for social change**. Sarajevo: Technical Assistance for Civil Society Organisations (TACSO), Regional Office, 2011.

ROMÃO, Wagner de Melo; MARTELLI, Carla Giani. Gênero e participação em nível local: estudo sobre conferências municipais de políticas públicas. **Revista de Sociologia e Política**, v. 28, p. e010, 2021.

ROMÃO, Wagner de Melo; MORGADO, Renato; BEITUM, Luís Fernando I. The role of Citizens Observatories in strengthening democracy and accountability in Brazil: the example of Piracicaba's Citizen Observatory. *In*: INTERNATIONAL RESEARCH SOCIETY FOR PUBLIC MANAGEMENT, 18., 2014, Ottawa: IRSPM Conference, 2014.

ROMÃO, Wagner de Melo; MORGADO, Renato; BEITUM, Luís Fernando I.; PALMIERI, Roberto Hoffmann. A contribuição do Observatório Cidadão de Piracicaba para a transparência pública e o acesso à informação no município. **Revista de Administração Municipal**, v. 58, p. 48-60, 2013. Disponível em: http://lam.ibam.org.br/revista_online.asp?num=282. Acesso em: 26 mar. 2025.

SANTANA, Fred. IBGE: Manaus é a sétima capital menos arborizada do país. **Vocativo**, 17 abr. 2025. Disponível em: https://vocativo.com/2025/04/17/ibge-manaus-e-a-setima-capital-menos-arborizada-do-pais/. Acesso em: 25 abr. 2025.

SÃO PAULO (Município). Conheça o 19° Inventário de Emissões de Gases de Efeito Estufa do Município de São Paulo. **Prefeitura de São Paulo**, 7 maio 2024. Disponível em: https://prefeitura.sp.gov.br/w/conhe%C3%A7a-o-19%C2%B0-invent%C3%A1rio-de-emiss%C3%B5es-de-gases-de-efeito-estufa-do-munic%C3%ADpio-de-s%C3%A3o-paulo. Acesso em: 21 maio 2025.

SERVIÇO BRASILEIRO DE APOIO ÀS MICRO E PEQUENAS EMPRESAS (SEBRAE). Mulher MEI: unidas, vamos mais longe! **Sebrae**, 18 abr. 2023. Disponível em: https://sebrae.com.br/sites/PortalSebrae/artigos/mulher-mei-unidas-vamos-mais-longe,2b4ef883f14a6810VgnVCM1000001b00320aRCRD. Acesso em: 21 maio 2025.

SIMÕES, Katia. Brasil perde R$ 61,3 bilhões por ano com desperdício de alimentos. **Valor Econômico**, 15 out. 2024. Disponível em: https://valor.globo.com/publicacoes/especiais/consumo-consciente/noticia/2024/10/15/brasil-perde-r-613-bilhoes-por-ano-com-desperdicio-de-alimentos.ghtml. Acesso em: 19 maio 2025.

TODOS PELA EDUCAÇÃO. Acesso à creche: entenda como a dificuldade de acesso prejudica milhões crianças pelo Brasil. **Todos pela Educação**, 8 abr. 2024. Disponível em: https://todospelaeducacao.org.br/noticias/acesso-a-creche-entenda-como-a-dificuldade-de-acesso-prejudica-milhoes-criancas-pelo-brasil/. Acesso em: 19 maio 2025.

SOBRE O AUTOR

Luís Fernando Iozzi Beitum é formado em administração pública e mestre em sociologia pela Universidade Estadual Paulista "Júlio de Mesquita Filho" (Unesp). Há duas décadas, dedica-se a fortalecer espaços participativos que ampliem as vozes cidadãs em espaços de decisão. Cofundador do Instituto Terroá, atua na construção de iniciativas de desenvolvimento territorial sustentável em parceria com comunidades, organizações e redes em todo o país.

Sua trajetória abrange temas como desenvolvimento sustentável, sociobiodiversidade, inovação política e educação cidadã. No campo das políticas públicas e da participação social, atuou em diversas organizações no Brasil e participou de projetos de cooperação internacional com foco em segurança alimentar, incluindo experiências desenvolvidas a partir da Alemanha em articulação com países do Sul Global.

Foi professor universitário e tem atuado como educador e facilitador de processos formativos, contribuindo para a formação de conselheiros, estudantes, lideranças comunitárias e empresariais. Em todos esses contextos, das periferias urbanas às comunidades amazônicas, busca promover o diálogo democrático por meio da escuta ativa e da construção coletiva.

Muitas das ações coletivas elaboradas no âmbito do Instituto Terroá, com diferentes pessoas e organizações parceiras, foram reconhecidas com prêmios e menções, como o projeto Parlamento Jovem de Matão, que foi finalista do SDG Action Awards, da Organização das Nações Unidas (ONU), em 2023, e as tecnologias sociais certificadas pelo Prêmio Fundação Banco do Brasil de Tecnologia Social, como o Programa Jovens Transformadores, em 2017, a Co-Labora e a Régua para o Desenvolvimento Territorial Sustentável (RDTS), ambas em 2021.

Já o Observatório Cidadão de Piracicaba, iniciativa de quando atuou no Imaflora, foi vencedor do Prêmio Mario Covas (2014), na categoria Inovação em Governo Aberto, e finalista do Prêmio Stephan Schmidheiny em Inovação para Sustentabilidade (2013), promovido pelo Centro de Intercâmbio e Conhecimento da Costa Rica.

Neste volume, compartilha as "trilhas da cidadania" que percorreu e convida o leitor a descobrir como, em cada ação coletiva, se constrói uma democracia mais inclusiva, diversa e enraizada nos territórios. Atualmente, segue empenhado na cocriação de espaços e territórios mais resilientes e sustentáveis, provocando políticas públicas qualificadas e reconciliando (e tensionando) sua própria jornada pessoal com a missão de inspirar novas formas de engajamento.